아동·청소년 그림 진단 및 해석

KFD, K-HTP, DAP 중심

| 백양희 저 |

학지사

머리말

 미술치료에 있어서 진단 및 해석은 매우 어려운 영역이기도 하지만 상당히 중요한 부분이기도 하다. 그림 진단 및 해석은 미술치료 접근을 어디서부터 해야 하는가를 결정하고 선택하는 데 기초가 되는 영역이며, 이를 정확하게 수행하기 위해서는 많은 임상적 경험이 필요하다.

 저자는 대학 강단에 서기 전 미술치료 연구소에서 일할 때 만났던 아동·청소년들을 대상으로 초기면접과 그림 진단 및 해석을 해 둔 자료들을 이 책에 한데 모아서 KFD, K-HTP, DAP 중심으로 진단 및 해석을 하였다.

 KFD(동적가족화)의 진단 및 해석은 한국미술치료학회(2000)의 『미술치료의 이론과 실제』에 있는 규준을 참고하였고, K-HTP는 신민섭(2007)의 『그림을 통한 아동의 진단과 이해』를 참고하였다. DAP(인물화)는 김동연과 공마리아(2000)의 『인물화 및 집·나무·사람 그림에 의한 심리진단법』과 오오도모(大伴茂)의 140개 지표를 참고하여 해석하였다.

 각 문헌에서 소개하는 해석기준을 참고하면서 미술치료 및 그림 진단에서의 20여 년간의 임상적 경험을 바탕으로, 초보 미술치료사들이 다양한 사례를 접해 볼 수 있도록 하는 것을 목적으로 하였다. 무엇보다도 규준은 있지만 어떤 그림이 그 규준에 해당되는가를 초보자들은 잘 모르는 경향이 있다는 점이 이 책을 내는 데 큰 용기를 갖게 된 계기이기도 하다.

이 책은 모두 4개 장으로 구성되어 있으며 제1장은 KFD(동적가족화) 검사의 실시방법 및 해석기준을, 제2장은 K-HTP(동적 집-나무-사람) 검사의 실시방법 및 해석기준을 다루고 있다. 제3장은 DAP(인물화) 검사의 실시방법 및 해석기준을 설명하고 있고, 제4장은 40개의 다양한 사례를 통해 5세에서 17세까지의 다양한 아동·청소년을 대상으로 KFD, K-HTP, DAP를 실시하여 진단 및 해석을 한 내용을 담고 있다.

이 책은 등교거부, 관계형성, 충동성, 왕따, 틱 장애, 위축감, 산만함, 야뇨증, 정신적 외상, 학교폭력, ADHD 등과 관련된 다양한 사례를 통해서 그림 진단 및 해석을 이해하는 데 도움이 될 것으로 기대한다.

끝으로 원고 집필에 필요한 자료 정리를 도와준 대구예술대학교 예술치료학과 학생 전하리, 박종민, 신희연에게 고마움을 전하며 이 책의 출간이 가능하도록 배려해 주신 학지사 김진환 사장님과 편집부 이현구 님 외 여러분의 노고에도 감사드린다.

2014년 10월
백양희

제1장

동적가족화(KFD) 검사 실시방법 및 해석기준

❶ 동적가족화(KFD) 검사의 발전

1970년에 Burns와 Kaufman은 아동에게 그의 가족 구성원이 뭔가를 하고 있는 장면을 그리도록 간단히 요구하는 동적가족화(KFD: Kinetic Family Drawing) 검사를 창안하였다. KFD 검사는 기존의 움직임이 없는 그림 검사들과는 달리 아동으로 하여금 가족 구성원들이 뭔가를 하고 있는, 즉 움직임을 첨가시켜 그리도록 지시를 내리는데, 이렇게 하는 것은 아동의 자아개념과 관련된 측면 그리고 대인관계 영역에서 아동의 감정을 표출하도록 이끄는 데 도움을 줄 것이라는 가정을 하고 있기 때문이다.

KFD가 인물화(DAP: Drawing A Person)나 가족화(DAF: Drawing A Family)와 다른 특성은 검사 시행 시에 지시를 할 때 인물상의 묘사에서 '움직임'의 표현을 요구하고 있다는 점이다. 그 결과, 어떤 행위를 하고 있는 가족 구성원의 묘사가 얻어진다. 그리고 인물상의 크기와 그 순위, 화면상에서의 위치 등에 대하여 상당한 다양성이 나타나게 된다. 이 다양성은 그릴 때의 자유도이다. 그러나 일정한 용지에 그린다고 하는 제약이 있기 때문에 서로 모순되는 점을 함께 내포하고 있다. 따라서 이 자유와 제약 속에서 가족의 묘화의 다양성은 피험자 자신의 주체적 가족 인지패턴에 따라 통제된 것이고, 피험자의 일상적인 개별적 가족 인지패턴을 투영한 것이 된다. 이 점에 대해서 KFD의 창시자인 Burns와 Kaufman(1970)은 그 이론적 기초를 그리스의 철학자인 Anaxagoras(B.C. 500~428)의 이해(NOUS)의 개념에서 구하고 있다. 즉, 운동을 가미함으로써 비활동적인 요소에 통일성과 체계성을 부여한다.

또한 Burns과 Kaufman(1970, 1972)은 본 방법의 해석을 정신분석학에 기반을 두고 있으며, 이와 함께 Lewin(1951)의 장이론을 근거로 하여, 場(생활공간)을 구성하는 것은 개인의 역동적 지각(Dynamic Perception)에 의한다고 강조하고 있다. 결국 KFD에서는 피험자가 의식적이든 무의식적이든 그 자신의 입장에서 자신을 포함한 가족관계를 나타내고 있다. 즉, 그 인지적 구도가 투사된 것이라고 생각된다. 전술한 바와 같이, 이것은 그림에 작용하고 있는 '통제'가 개별적, 주체적 인지패턴을 의미하고 있기 때문일 것이다. 여하튼 KFD의 해석은 그림의 개별적인 다양성 속에 '통일성'과 '체계성'을 발견하는 것이다. 즉, 개별적인 가족 인지패턴이 기능하는 피험자 자신의 '통제' 과정을 인지하는 것이라고 할 수 있다.

가정은 개인의 성장과 발달 과정에서 최초로 만나는 '사회'이고, 후에 사회적 태도의 기본적 성격이 형성되는 장이다. 가족이 구성하는 가정은 사회와 개인과의 유기적 관계의 접점이라고 할 수 있다. 개인은 가정이라는 장을 통해서 사회에 접하고 사회는 가정을 통해서 그 문화와 규범을 개인에게 전해 준다. 성인의 사회적 태도는 결국 소년 시기에 가정에서 익힌 것을 그 기본형으로 하고 있다. KFD에 투사된 가족에 대한 태도는 그 아동의 성격형성 과정의 반영이라고 할 수 있다.

❷ 동적가족화(KFD) 검사의 실시방법

동적가족화는 가족화(DAF)에 움직임을 첨가한 일종의 투사화이다.

(1) 검사개요: 개인상담법 또는 집단상담법으로 시간제한은 하지 않으나 대체로 30~40분 정도 소요된다. 장소는 상담실이나 혹은 적당한 높이의 책상과 의자가 있는 곳이면 된다. 중요한 것은 내담자가 자유로운 느낌을 가질 수 있는 친화 관계가 이루어져야 한다는 것이다.

(2) 검사도구: 백지(210×297mm A4용지), 연필(HB나 4B 정도), 지우개(색채화를 하지 않고 연필화로 하는 것은 색채에 부여되는 심상과 감정을 제외시키기 위해서이다.)

(3) 검사의 지시: 위와 같은 검사용구를 피험자의 책상 위에 두고, 다음

과 같은 지시를 한다. "당신을 포함해서 당신의 가족 모두에 대해서, 무엇인가를 하고 있는 그림을 그려 보세요. 만화나 막대기 같은 사람이 아니고 완전한 사람을 그려 주십시오. 무엇이든지 어떠한 행위를 하고 있는 그림을 그려야 합니다. 당신 자신도 그리는 것을 잊어서는 안 됩니다."

내담자가 "가족 전원이 무엇인가 하나의 일을 하고 있는 것입니까?" "그렇지 않으면 개인이 각각 다른 일을 하고 있는 것을 그리는 것입니까?"라고 물어볼 수 있다. 이때에 검사자는 "완전히 자유입니다."라고 대답하면 된다. 또는 내담자가 그림을 거부할 때에는 용기를 주어 말이나 몸짓 등을 이용하도록 허용하고 그림을 완성할 때까지 방에 머물도록 한다. 그러나 검사자는 무엇인가를 암시하는 듯한 응답을 절대로 피하고, 완전히 비지시적, 수용적 태도를 취한다.

(4) 그림 완성 후의 절차: 그림을 완성한 후, 그림 속에서 인물상을 그린 순서, 각각의 인물상이 누구인가, 연령, 무엇을 하고 있는 것인가를 확인하고 용지의 여백에 기입해 둔다. 이것은 상세하지 않은 그림을 다시 확인하기 위한 절차이고, 기록의 산만함을 방지하고 정확한 자료를 얻기 위한 것이다. 또한 내담자의 애매한 가족 인지에 통찰을 촉진하여 상담효과를 수반하는 경우도 있다.

❸ 동적가족화(KFD) 검사의 해석

동적가족화의 해석은 5개의 진단형으로 나누어진다. 즉, 인물상의 행위(action), 양식(styles), 상징(symbols), 역동성(dynamics), 인물상의 특성(figure characteristics)이 포함된다.

(1) 인물상의 행위

인물상의 행위는 두 가지 관점에서 해석될 수 있다. 첫째, 행위의 상호작용 측면에서 볼 수 있는데, 가족 모두가 상호작용하고 있는가 아니면 일부가 상호작용하고 있는가, 상호작용 행위가 없는가에 따라 가족의 전체적 역동성을 엿볼 수 있다.

둘째, 각 인물상의 행위를 중심으로 가족 내 역할 유형 등을 알 수 있다. 주로 아버지상, 어머니상, 자기상을 중심으로 분석하는데 그 이유는 이 세 사람이 공통되는 가족 구성원이기 때문이며 자녀에게 있어서 부모는 성격형성의 중요한 장을 이루어 주기 때문이다. 대체로 아버지상은 TV와 신문 보기, 일하는 모습이 많이 나타나고, 어머니상은 부엌일이나 청소 등과 같은 집단일을 하고 있는 모습을 많이 볼 수 있다. 자기상은 공부, TV 보기, 노는 모습 등으로 그려져 있다. 그러나 행위에 대한 해석은 다음에 언급할 그림의 양식, 상징 등을 함께 고려하여 전체적 관점에서 이루어져야 한다.

(2) 양식

내담자는 그림에서 다른 인물상의 접근, 거리를 강조하기도 하고 숨기기도 하기 때문에 의식적으로 혹은 무의식적으로 명확하거나 혹은 교묘한 여러 가지 그림의 특징을 나타낸다. 일반적으로 양식은 가족관계에서 자기의 감정과 상태, 신뢰감을 나타낸다. 양식은 일반적 양식, 구분, 포위, 가장자리, 인물하선, 상부의 선, 하부의 선 등 일곱 가지로 분류할 수 있다.

① 일반적 양식: 보통의 신뢰감에 가득 찬 가족관계를 체험하고 있는 아동의 그림이다. 복잡한 혹은 명백한 장벽을 나타내지도 않고 온화하고 우호적인 상호관계를 암시하는 그림을 그린다.

② 구분: 하나 또는 그 이상의 직선이나 곡선을 사용하며, 그림에서 인물들을 의도적으로 분리하는 경우이다. 또는 미리 용지를 접어서 몇

개의 사각형 테를 만들고 그 안에 가족 구성원을 각각 그리는 경우도 있는데 이것은 구분의 극단적 양식이다. 솔직한 애정 표현이 허용되지 않을 때, 내성적인 아동에게 나타난다. 다른 가족 구성원으로부터 그들 자신과 그들의 감정을 철회하고 분리시키려는 욕구를 표현한다.

③ 포위: 하나 또는 그 이상의 인물을 어떤 사물이나 선으로 둘러싸는 경우이다. 위협적인 개인을 분리하거나 치우고 싶은 욕구로서 가족과의 관계에서 자기 자신이 개방적인 감정적 태도를 갖지 못할 때, 가족원 혹은 자기 자신을 닫아 버리는 양식이다. 두 인물을 함께 포위할 때 둘 사이를 밀접하게 동일시하는 경향이 있다. 주로 책상, 그네, 줄넘기, 자동차 등으로 교묘히 표현되는 경우가 많다.

④ 가장자리: 인물상을 용지의 주변에 나열해서 그리는 경우이다. 이 양식은 상당히 방어적이며 문제의 핵심에서 좀 회피하려는 경향이 있다. 또한 친밀한 관계를 맺는 데 대한 강한 저항을 나타낸다.

⑤ 인물하선: 자신 혹은 특정 가족 구성원에 대해서 불안감이 강한 경우에, 그 인물상의 아래에 선을 긋는 경우가 있다.

⑥ 상부의 선: 한 선 이상이 전체적 상단을 따라서 그려졌거나 인물상 위에 그려진 경우이다. 용지의 상부에 그린 선은 날카로운 불안 또는 산만한 걱정 또는 공포가 존재함을 의미한다.

⑦ 하부의 선: 한 선 이상이 전체적 하단을 따라서 그려진 경우이다. 붕괴 직전에 놓여 있는 가정이라든가 강한 스트레스하에 있는 아동이 안정을 강하게 필요로 하고 또 구조를 받고 싶은 욕구가 강할 때 나타낸다.

(3) 상징

동적가족화에서 나타난 모든 사물들에 대한 임상적 의미를 부여하기는 어렵다. 많은 동적가족화를 통해 보편적으로 발견되는 사물(日比, 1977)과 거기에 공통된 임상적 의미를 예측한 것이 상징의 영역으로 간주되고 있

제1장 동적가족화(KFD) 검사 실시방법 및 해석기준

다. 아래에서는 임상적으로 의미를 부여할 수 있는 사물들을 영역화해서 몇 가지만 나열하였다.

① 공격성, 경쟁심: 공, 축구공, 그 밖에 던지는 물체, 빗자루, 먼지털이 등
② 애정적, 온화, 희망적: 태양, 전등, 난로 등이 열과 빛이 적절할 때는 애정적, 온화함, 희망적임. 대신 태양, 전등, 난로의 열이나 빛이 강렬하고 파괴적일 때는 애정이나 양육의 욕구, 증오심을 나타내기도 한다.
③ 분노, 거부, 적개심: 칼, 총, 날카로운 물체, 불, 폭발물 등
④ 힘의 과시: 자전거, 오토바이, 차, 기차, 비행기 등 자전거를 제외하고 모두 의존적 요소에 의한 힘의 과시
⑤ 우울감정, 억울함: 물과 관계되는 모든 것-비, 바다, 호수, 강 등

(4) 역동성

가족 간의 감정을 용지의 전체적 맥락에서 파악할 수 있는 영역이다. 여기에는 인물묘사의 순위, 인물상의 위치, 인물상의 크기, 인물상 간의 거리, 인물상의 얼굴 방향, 인물상의 생략, 타인의 묘사 등이 속한다.

① 인물묘사의 순위: 가족 내의 일상적 서열을 반영하는 경우가 많다. 때문에 특정 인물이나 자기상이 제일 먼저 그려진 경우에 내담자의 가족 내 정서적 위치에 대해서 특별히 고찰할 필요가 있다.
② 인물상의 위치: 용지를 상하로 구분했을 때, 위쪽에 그려진 인물상은 가족 내 리더로서의 역할이 주어지고 있는 인물을 나타낸다. 반대로 아래쪽은 억울함이나 침체감에 관계한다. 좌우로 구분했을 때 우측은 외향성과 활동성에 관계하고, 좌측은 내폐성이나 침체성에 관여한다. 일반적으로 자기상을 남자는 우측에, 여자는 좌측에 그리기 쉽다고 한다. 따라서 좌측에 그린 아버지 또는 남자가족과 우측에 그린 어머니 또는 여자가족에 대해서는 해석상 특히 주의를 요한다. 단,

적절히 적응하는 사람들은 남녀 모두가 자기상을 우측에 그리는 일
이 많다. 중앙부에 그려진 인물상은 문자 그대로 가족의 중심인물인
경우가 많다. 만약 아동이 중앙부에 자기상을 위치시켰을 때는 자기
중심성이나 미성숙한 인격을 의미하는 일도 있다.

③ 인물상의 크기: 인물상의 키는 가족에 있어서의 존재 태도를 나타낸
다고 볼 수 있다. 즉, 키가 크게 나타난 것은 존경받는 대상이거나 혹
은 권위의 대상이거나, 여하튼 긍정적이든 부정적이든 중심적 위치
에 있음을 의미하고, 키가 작게 나타난 것은 경멸이나 무시의 의미가
될 수 있다.

④ 인물상 간의 거리: 인물상 간의 거리는 피험자가 본 그들 사이의 친밀
성 정도나 혹은 감정적 거리를 의미할 수 있다. 인물상이 겹쳐지거나
접촉되어 있을 때 두 개인 간에 친밀함이 존재함을 의미한다. 반대로
거리가 먼 두 인물상 간에는 실제생활에서도 상호작용이나 의사소
통이 소원한 경우가 많다.

⑤ 인물상의 얼굴 방향: 그려진 인물상의 얼굴 방향이 '정면' '측면' '등
면' 중 어느 것인지에 따라 임상적 의미가 다르다. 이것은 피험자의
가족관계 방향을 표현하고 있다. 얼굴의 방향으로 봐서 정면은 긍정,
옆면은 반 긍정 혹은 반 부정, 등면은 부정적인 인물로 지각한다고
볼 수 있다.

⑥ 인물상의 생략: 인물상을 지운 흔적은 지워진 개인과의 양가감정 또
는 갈등이 있음을 시사할 수도 있고 강박적이거나 불안정한 심리상
태일 때도 나타난다. 또는 가족원의 일부를 용지의 뒷면에 그리는 경
우는 그 개인과의 간접적인 갈등을 시사한다.

⑦ 타인의 묘사: 가족 구성원이 아닌 타인이 동적가족화에 그려지는 경
우 가족 내의 누구에게도 마음을 허락할 수 없는 상태에 있음을 지적
할 수 있다. 주로 내담자의 친구이다. 묘사된 타인과는 매우 친밀함
을 나타낸다(Reynolds, 1978).

(5) 인물상의 특징

동적가족화에는 기본적으로 가족원이 포함된다. 따라서 각 인물상에 대한 묘화의 특성은 인물화 검사에서 자세하게 설명되어 있다. 단, 동적가족화에서 해석할 필요가 있는 특징만 나열해 보기로 한다.

① 음영이나 갈기기: 신체부분에 음영이 그려질 경우 그 신체부분에의 몰두, 고착, 불안을 시사한다. 정신, 신체증상의 호소와도 관련된다.

② 윤곽선 형태: 강박적 사고와 관련이 있다. 내담자가 인물상을 빈틈없이 그릴 수 없을 정도로 과도하게 집착되어 있음을 시사한다.

③ 신체부분의 과장: 신체부분의 확대 혹은 과장은 그 부분의 기능에 대한 집착을 나타낸다. 어떤 이들은 신체 내부를 투명하게 보여 주는데 이는 현실왜곡, 빈약한 현실감각, 정신장애 가능성을 내포하며 낮은 지적기능을 시사한다(Reynolds, 1978).

④ 신체부분의 생략: 신체부분의 생략은 종종 그 신체부분의 기능 거부와 그 부분에 집착하는 불안 또는 죄의식을 의미한다(Burns, 1982; Burns & Kaufman, 1972; Reynolds, 1978).

⑤ 얼굴표정: 얼굴에 나타나는 표정은 직접적인 감을 나타내는 것이기 때문에 해석상 더욱 확실한 지표이다.

⑥ 의복의 장식: 의복의 단추 모양이나 액세서리의 강조는 의존성 또는 애정욕구에 대한 불만을 의미한다.

⑦ 회전된 인물상: 인물상이 기울기도 하고 옆으로 누워 있는 경우가 있다. 가족에 대한 인식기능이 상실되었을 때, 거절, 다른 가족 구성원과의 분리감정을 나타낸다. 보편적으로 강한 불안과 정서 통제가 되지 않는 아동에게서 나타난다.

⑧ 정교한 묘사: 그림이 극히 정교하고 정확하며 질서가 있을 경우, 환경구성에 대한 묘화자의 관심이나 욕구를 반영하는 것이다. 그러나 과도한 표현은 강박적이고 불안정한 심리상태를 의미한다.

⑨ 필압: 선이 굵고 강하게 나타날 때 충동이 밖으로 향하고 공격적이고
   활동적이다. 반대로 약하고 가는 선은 우울적이고 소극적인 사람에
   게 나타난다.

　이상에서의 다섯 가지 영역의 해석 관점이 모든 경우에 동등하게 적용
될 수 있는 것은 아니다. 개개의 그림은 각각 다른 의미와 깊이와 내용을
갖추고 있고, 피험자의 마음의 눈으로 본 자신을 둘러싼 세계, 그중에서
가족에 대한 해석을 내리는 수단이다. 하나의 동적가족화에 의해서 피험
자의 심리역동적 기제를 해석할 경우에는 매우 신중을 기해야 한다. 유
동적인 해석과 함께 다른 심리검사 결과나 피험자의 가족적 배경에 관한
정보가 첨가된다면 보다 유효한 동적가족화 해석에 가까이 갈 수 있을
것이다.

한국미술치료학회(2000). 미술치료의 이론과 실제. 대구: 동아문화사, pp. 541-550
　　참고.
권기덕, 김동연, 최외선(1993). 가족미술치료 이론과 실제. 서울: 도서출판 특수교육,
　　pp. 79 참고.

④ 동적가족화(KFD) 검사의 보고서 양식

이 름	
나 이	
성 별	
학 교	

KFD 지표		평가
1. 인물상의 행위	행위의 상호작용	
	가족 내 역할 유형	
2. 양식	일반적 양식	
	구분	
	포위	
	가장자리	
	인물하선	
	상부의 선	
	하부의 선	
3. 상징	공격성, 경쟁심	
	애정적, 온화, 희망적	
	분노, 거부, 적개심	
	힘의 과시	
	우울감정, 억울함	
4. 역동성	인물묘사의 순위	
	인물상의 위치	
	인물상의 크기	
	인물상 간의 거리	
	인물상의 얼굴 방향	
	인물상의 생략	
	타인의 묘사	

5. 인물상의 특징	음영이나 갈기기	
	윤곽선 형태	
	신체부분의 과장	
	신체부분의 생략	
	얼굴표정	
	의복의 장식	
	회전된 인물상	
	정교한 묘사	
	필압	
전체평가		

제2장

동적 집-나무-사람(K-HTP) 검사
실시방법 및 해석기준

❶ 동적 집-나무-사람(K-HTP) 검사의 발전

아마도 인간이 인간발달을 묘사하기 위해 가장 흔히 사용한 보편적인 상징은 나무일 것이다. 나무는 거의 모든 종교, 관습, 전설, 종교적 문헌, 미술, 시, 꿈 등에서 은유적으로 사용되었다. 나무 그림에서 나무는 그리는 사람의 개인적 변화 과정을 반영해 준다. 인물화에서 사람은 나무와 상호작용함으로써 그림 그리는 사람의 자신이나 자아기능을 더 많이 반영해 줄 수 있다. 집은 개인 생활의 물리적 측면을 반영한다. 따라서 집, 나무, 그리고 사람과의 상호작용 및 상호관계는 그리는 사람에 의해서 표출되는 시각적 은유를 반영해 주며 말의 한계에서 벗어난 자유로운 표현이 된다. 그러나 행동과 집, 나무, 사람 사이의 은유적 의미는 그림들이 각각의 종이에 그려졌을 경우에는 분명하게 나타나지 않는다.

인간을 이해하기 위해 그림을 이용한 것은 19세기 말부터 시작되었다. 인간을 이해하기 위한 수단으로 그림을 이용한 선구자로는 Goodenough를 들 수 있다. Goodenough(1926)는 아동기에서 청소년기까지 규준이 되는 인물화의 발달 과정을 연구했으며, 그림과 지능의 발달 관계를 규정했다. 후에 Harris(1963)는 Goodenough의 연구를 더욱 발전시켰다. 그리고 우리나라에서는 김재은과 여광응이 '인물화에 의한 간편지능검사'로 표준화 작업을 하여 보급시켰으며 현재도 정신지체인의 지능검사에 유용하게 사용되고 있다.

1949년 Machover는 아동의 그림에 대한 임상적 해석 기준을 마련하여 '인물화에 의한 성격검사'의 기반을 마련하였으며, Buck(1948), Buck과 Hammer(1969)는 집-나무-사람(HTP: House-Tree-Person) 그림을 발달적, 투사적 측면에서 연구했다. 또한 Jolles(1964)는 집, 나무, 그리고 사람에 대한 특성을 매우 상세하게 기술했다. 그리고 Hammer(1971)는 투사적 그림의 임상적 적용을 더욱 폭넓게 확대시켰다.

여러 임상가들은 HTP를 임상에 적용시켜 사용해 왔으며 HTP의 임상적 유용성을 인정했지만, HTP의 사용과 임상적 가치를 제안하는 다음과 같은 세 가지 요소들을 지적하였다.

(1) HTP는 '정신병리학적 상황에 있는 환자들로부터' 표준화된 것이다. HTP 문헌들의 대부분이 '기질성 정신분열증' 등과 같은 정신병리적 명명의 진단적 사용에 중점을 두었다.
(2) HTP에 대한 지시들은 각각의 종이에 집, 나무, 사람을 그리도록 했다. 따라서 각각 그려진 그림들은 행동이나 상호작용을 나타낼 수 없었다.
(3) 본질적으로 프로이트학파에 기초를 둔 HTP의 해석은 프로이트학파의 정신분석학 내에서만 적합하도록 모든 자료와 상징들을 제한했다.

Burns는 이러한 HTP의 단점을 보완하기 위해서 역동성을 부여하였고, 이에 따라 동적 집-나무-사람(K-HTP: Kinetic House-Tree-Person) 검사는 그림을 통해서 얻을 수 있는 정보의 양적 증가와 질적 향상을 가져왔다. 또한 K-HTP의 해석에 있어서도 Maslow의 발달적 관점을 도입하여 인간의 성장과 잠재력을 함께 고찰하고 이해하도록 하였다.

❷ 동적 집-나무-사람(K-HTP) 검사의 실시방법

각각의 집, 나무, 사람을 보고 어느 정도 정보를 얻을 수는 있지만 한 장의 종이 위에 HTP를 그리게 함으로써 집, 나무, 사람을 서로 비교하면 더 많은 것을 얻을 수 있다.

K-HTP에서는 한 장의 도화지 위에 집, 나무, 사람을 함께 그리는 것으

로, K-HTP를 실시할 때, 8.5″×11″의 종이를 피험자에게 수평(세로)으로 제시한다.

K-HTP의 실시방법은 다음과 같다.

"이 종이 위에 집, 나무, 그리고 어떤 행동을 하는 사람의 전체 모습을 그리시오. 사람의 전체 모습을 그릴 때 만화나 혹은 막대기와 같은 모양의 사람은 그리지 마시오."

다음의 의문들은 검사자가 K-HTP를 분석할 때 고려해야 할 점들이다.

그 그림은 무엇을 이야기하는가? 당신의 첫 번째 느낌은 무엇인가? 당신은 무엇과 누구를 보는가? 당신은 무슨 일이 일어나고 있다고 생각하는가? 그 그림은 따뜻한가 혹은 차가운가?

집은 적대적인 세계로부터 숨을 수 있는 안전한 장소로서 묘사되어 있는가? 집 그림이 붕괴되고 텅 비었으며 활기가 없어 보이는가? 집은 신체 상징들에 대한 묘사인가? 집은 성공과 부유함을 나타내는가? 맨션인가? 집이 가정으로 보이는가? 어떤 가족이 살고 있는 듯이 보이는가? 그 집은 당신이 살고 싶은 가정인가?

사람이 공격적이거나 적대적으로 보이는가? 사람이 멍청해 보이거나 맥이 빠져 있거나 혹은 풀이 죽어 있는가? 사람이 활기가 있어 보이는가? 사람이 매력적으로 보이는가? 사람이 슬퍼 보이는가? 신체의 어떤 부분이 숨겨져 있거나 혹은 생략되어 있는가? 사람은 중요하거나 성공한 사람으로 보이는가? 사람은 야만적인가? 사람이 온정적이고 양육적으로 보이는 사람인가? 사람이 유쾌하며 활기차 보이는 사람인가? 당신이 좋아할 수 있는 사람인가?

나무는 죽었는가 혹은 살아 있는가? 나무가 위협받고 있듯이 보이거나 또는 적대적으로 보이는가? 나무가 약하거나 부러져 있는가? 성적 특성이 있는가? 나무가 연속적인가 혹은 절단되는가? 가지들이 위로 향해 있는가 혹은 아래로 향해 있는가? 줄기의 꼭대기가 점점 가늘어지는가 혹은 넓게 퍼져 있는가? 나무가 생명력이 있어 보이는가 혹은 없어 보이는가? 나무가 방어적으로 보이는가? 양육적으로 보이는가? 행복해 보이는가? 슬퍼 보이는가?

나무가 균형이 잡혀 있는가? 나무가 너무 완전하게 그려져 있는가? 나무가 잘려 있거나 상해 있는가? 줄기에 옹기 구멍들이나 상처가 있는가? 나무가 집을 향해 기울어져 있는가? 집에서 멀리 떨어져 있는가? 나무가 집을 보호하는가? 사람을 보호하는가? 만일 여러분이 나무라면 당신은 여기 그려져 있는 나무이고 싶은가?

여러분은 그 그림의 영향력에 관해 무엇을 알 수 있는가? 그림에서 보다 큰 영향력(크기, 운동, 압력)을 나타내고 있는 것은 집인가? 나무인가? 사람인가?

여러분은 집, 나무, 사람 간의 간격에서 무엇을 알 수 있는가? 집 다음에 무엇이 있는가? 나무는 집과 사람에게서 멀리 떨어져 있는가? 나무에 사람이 있는가? 집 안에 사람이 있는가? 집과 나무가 부착되어 있는가? 집, 나무 혹은 사람의 상대적 크기는 어떠한가? 사람은 나무와 상호작용하고 있는가? 집과 상호작용하고 있는가? 긍정적 상호작용인가? 부정적인가? 태양이나 달이 집, 나무 혹은 사람 위에 그려져 있는가?

어떤 양식으로 그려져 있는가? 도화지의 하단에 일렬로 나타나 있는가? 상단에 일렬로 있는가? 구분되어 나눠져 있는가? 그림들이 가장자리에 그려져 있는가? 조감도인가? 포위되어 있는가?

그림에서 각각의 요소들이 무슨 행위를 나타내는가? 양육적? 의존성? 적대감? 죽음? 삶? 지지? 은폐?

어떤 상징들이 나타나 있는가? K-HTP의 행동, 양식, 그리고 상징들은 KFD와 KSD와 같은 다른 동적 그림 기법에 있어서의 행동, 양식, 그리고 상징들과 어느 정도 관련성이 있는가?

❸ 동적 집-나무-사람(K-HTP) 검사의 해석(상징)

- **고양이**: 어머니에 대한 양가감정(Burns & Kaufman, 1970, 1972). 고양이에 대한 몰두는 어머니나 여성과의 상호작용, 동일시에 있어서 갈등이나 경쟁의 상징이다(Burns & Kaufman, 1972).
- **광대**: 심각한 열등감을 갖고 있는 아동들이 나타내는 선입견(Burns & Kaufman). 가족 가운데 우울증과 같은 병력을 가진 사람이 있는 경우에 종종 나타난다.
- **구름**: '불안이 사람의 머리 위에 걸려 있는' 어떤 것이다. 구름의 수는 가족의 수 혹은 사랑의 삼각관계에 있는 사람의 수와 관계된다.
- **구유**: 가족 사이에서 (새로운) 형제에 대한 질투를 나타낸다(Burns & Kaufman, 1972).
- **그림자**(음영): 이것들은 집, 나무 혹은 사람에게 생길 수 있다. 그림자는 특정한 그림에 그려져서 불안이나 '암울한 기분'을 나타낸다. 이것은 구름으로 상징되는 '왠지 모르는(free-floating)' 불안과 현저하게 다르다.
- **기차**: 보통 소년들이 그림에서 과장하거나 강조하고자 할 때, 힘에 대한 욕구나 인식을 상징한다(Burns & Kaufman, 1972).
- **꽃**: 아름다움에 대한 사랑, 사랑과 아름다움의 추구, 욕구를 표현한다. 허리 아래 부분에 그려진 꽃은 여성과의 동일시를 나타낸다(Burns & Kaufman, 1972).
- **나비**: 도피적인 사랑과 아름다움을 추구하는 것과 관련된다(Burns & Kaufman, 1972).
- **난로**: 양육 및 구강적 욕구와 관련된다(Burns & Kaufman, 1972).
- **냉장고**: 박탈과 박탈에 대한 우울증과 관련된다(Burns & Kaufman, 1972). 냉장고의 차가움은 빛이나 열과 반대되는 상징이다.

- 너무 크거나 정교한 단추: 의존성이나, 충족되지 않은 욕구와 관련된다. 양육적인 면을 기대하는 사람이 그릴 것이다(Burns & Kaufman, 1972).
- 눈(그리고 다른 '차가운' 상징들): 우울증 및 자살과 관계된다(Burns & Kaufman, 1972).
- 눈사람: 정서적인 박탈과 관련된다.
- 달: 우울증과 관련된다(Burns, 1982).
- 램프: 사랑, 온정 혹은 성적인 문제들과 관련된다(Burns & Kaufman, 1972).
- 말: 흔히 소녀들이 그린다(Burns & Kaufman, 1970).
- 멈춤 표시(또한 '출입금지' 표시): 충동 통제에 대한 시도(Burns & Kaufman, 1972).
- 물 주제(물과 관련된 대상들의 형태. 예를 들면, 못, 풀장, 바다 등): 환상적 사고 활동(Burns & Kaufman, 1972). 심각한 우울증의 경향들과 관련된다(Burns & Kaufman, 1972).
- 물에 떠 있는 그림: 종종 물에 떠 있는 그림은 우울증에 빠져 있거나 우울증 경향을 가지고 있다.
- 뱀: 성적 긴장을 나타내는 남성의 상징(Burns & Kaufman). 아동들의 경우, 요충[1]을 제거해 주는 것이 필요하다(Burns & Kaufman, 1972).
- 별: 박탈(신체적 혹은 정서적)과 관련된다(Burns & Kaufman, 1972).
- 북: 아동이 개방적으로 표현하는 데 겪는 어려움을 치환시킨 분노의 상징(Burns & Kaufman, 1972).
- 불 주제: 종종 분노와 온정에 대한 욕구와 관련된다(Burns & Kaufman, 1972; Reynolds, 1978).
- 비: 우울증의 성향과 관련된다(Burns & Kaufman, 1972).
- 빗자루: 가족의 청결을 강조하는 인물을 나타내는 최근의 상징(Burns

---

1) 인체에 기생하는 기생충의 일종. 간혹 아동들의 항문에 나타나기도 함.

& Kaufman, 1972).

- 사다리: 긴장과 불확실한 균형과 관련된다. 사다리와 인물들 사이가 가까운 것은 중요한 관계나 혹은 상호작용을 말하고 있다(Burns & Kaufman, 1972).

- 새: 자유를 추구하거나, 도피를 하려 할 때, 혹은 성장하려는 욕구가 강한 경우에 흔하다. 새둥지는 보금자리의 안전을 열망하는 퇴행된 사람의 경우에 흔하다.

- 숫자: 종종 동적 그림에서 대상의 수는 그림 그리는 사람을 탐색할 수 있는 의미를 갖고 있다. 흔한 상징으로, 예를 들면 이혼 가정의 아동들이 그린 그림에서 4개의 구름은 가족 가운데서 네 사람의 불안한 사람들을 상징한다. 꽃들은 때때로 가족 구성원을 나타낸다.

- 쓰레기: 새로운 형제의 탄생에 대해 당황한 아동들이 그린 그림에서 종종 발견된다(Burns & Kaufman, 1972). 종종 질투 때문에 퇴행적이거나 경쟁적인 행동을 나타낸다(Burns & Kaufman, 1972). 그것은 (보다 어린) 형제들에 대한 경쟁의식이나 양가감정에 대한 심각한 죄의식과 관련된다(Burns, 1982).

- 쓰레기를 집어내는 인물들: 가족들의 존재 가운데서 원하지 않는 지저분한 부분(사람 혹은 사람들)들을 집어내고자 하는 소망과 관련된다(Burns & Kaufman, 1972).

- 연(때때로 풍선들): 구속하는 가족 환경에서 도망가고 싶은 갈망(Burns & Kaufman, 1972). 사람이 자신의 연을 날리며 다른 사람에게 근접해 있는 그림은 구속되거나 벌을 받고 있는 것으로 개인이 인식하고 있다는 것을 말한다(Burns & Kaufman, 1972).

- 열(예를 들면, 태양, 불), 빛(예를 들면, 백열전구, 램프, 투광 조명등), 따뜻함(예를 들면, 다리미질, 햇살): 온정과 사랑에 몰두하거나 온정과 사랑에 대한 욕구를 보여 준다(Burns, 1982; Burns & Kaufman, 1970, 1972).

- 오토바이: 힘, 우월성과 관련된다(Burns, 1982).

- 원: 환상적인 그림이나 사물에 대한 몰두. 정신분열증적 성격(Burns & Kaufman, 1972).
- 위험한 물건들: 위험한 물건들이 많이 있는 것, 예를 들면 망치, 칼 등은 분노(사람을 가리키고 있을 때)나 혹은 수동적인 공격적 분노(간접적으로 사람을 가리킬 때)를 나타낸다(Burns, 1982; Burns & Kaufman, 1972).
- 잎들: 의존성과 관련될 때, 그리고 양육의 원천에 집착하는 경우의 상징(Burns, 1982; Burns & Kaufman, 1972).
- 수집된 잎들: 부모나 혹은 중요한 다른 사람들로부터 온정이나 양육 혹은 사랑을 수집함(Burns & Kaufman, 1972).
- 불타고 있는 잎: 충족되지 못한 의존적 욕구, 그리고 그 결과로서 생겨난 분노 혹은 양가감정을 나타낸다(Burns & Kaufman, 1972).
- 자전거: 보통의 아동들이 묘사하는 활동이며 너무 강조되었을 경우는 아동의(보통 소년의) 남자답기 위한 노력을 반영한다(Burns & Kaufman, 1972).
- 잔디 깎는 기계(때때로 자귀, 도끼, 날카로운 도구): 소년들의 그림에서 보통 아버지와의 경쟁과 동시에 거세불안을 나타내는 상징의 주제이다(Burns & Kaufman, 1972).
- 자화상에 관련될 때: 경쟁심, 지배욕, 통제의 시도(Burns & Kaufman, 1970, 1972). 지배적인 역할에 대한 욕구 충족(Burns & Kaufman, 1972).
- 다른 인물과 관련될 때: 우월한 존재에 대한 두려움 혹은 공포심이나 경쟁심(Burns & Kaufman, 1972).
- 전기: 사람의 생각을 왜곡하거나 독점하고 있는 온정, 사랑, 힘에 대한 큰 욕구(Burns & Kaufman, 1972). 힘과 통제에 대한 욕구(Burns & Kaufman, 1972).
- 줄넘기를 하고 있는 (자기 이외의) 인물: 그 사람에 대한 심각한 경쟁의식이나 질투를 나타냄(Burns & Kaufman, 1972).
- 줄넘기의 줄: 그림에서 중요한 심리적 상호작용들/문제에서 다른 사람

들로부터의 방어(Burns & Kaufman, 1972).

- 진공청소기: 그 자체로 구강적 박탈 혹은 충족되지 않은 의존적 욕구의 경험을 지니고 있는 아동과 관련된다. 그 자체로 장(腸)의 상징(intestinal symbol)이 되기도 한다(Burns & Kaufman, 1970).

- 힘과 통제의 상징: 진공청소기를 사용하는 어머니는 힘 있거나 통제력 있는 인물로서 보인다(Burns & Kaufman, 1972).

- 침대: 침대를 그린 것은 상대적으로 드물며 성적인 것이나 우울증적인 주제와 관련된다(Burns & Kaufman, 1972).

- 태양: 고정관념에 따라 그림을 그리는 어린 아동들의 그림에서 종종 보이며 진단적 중요성이 거의 없다(Burns & Kaufman, 1972). 성인의 그림에서는, 온정에 대한 욕구 혹은 주장을 말한다.

- 흐려진 태양: 우울증과 관련 있다(Burns & Kaufman, 1972).

- 태양을 향해 기울어져 있는 인물들: 수용과 온정에 대한 욕구(Burns & Kaufman, 1972). 태양에서 보다 멀리 떨어져서 그려진 인물, 태양에서 먼 쪽으로 기울어져 있거나 혹은 멀리 떨어져서 태양을 보고 있는 인물들은 거부감을 나타낸다(Burns & Kaufman, 1972).

- 통나무: 지나친 남성미의 추구 혹은 남성미를 갖추려는 노력과 관계 있다(Burns & Kaufman, 1972).

- 페인트 붓: 종종 손의 확장, 그리고 고통을 주는 인물과 관련된다(Burns & Kaufman, 1972).

- 풍선: 우월의 상징, 지배나 도피에 대한 갈망(Burns, 1982).

- '×' 표 증후군(음영이나 선의 강화를 통해서 ×표를 대상 속에 끼워 넣으며 그리고 그림 속에서 누군가와 관련되는 대상에 그려 넣는다.)

  (1) 강한 성적인 충동들을 통제하려는 시도/욕구(Burns & Kaufman, 1970; Reynolds, 1978).

  (2) 강한 의식 혹은 초자아의 존재(Burns & Kaufman, 1972).

  (3) '×'표를 한 곳은 갈등의 상황 속에서 힘과 반대되는 힘을 정의/

규명할 수 있을 것이다(Burns & Kaufman, 1972; Reynolds, 1978).

(4) 그림을 그린 사람이 양가감정을 느끼고 있는 개인들을 규명할 수 있을 것이다(Burns & Kaufman, 1972).

(5) 공격적 경향들을 통제할 필요가 있다(Burns, 1982).

김동연, 공마리아(2000). 인물화 및 집·나무·사람 그림에 의한 심리진단법. 대구: 동아문화사, pp. 171-174, pp. 315-319 참고.
한국미술치료학회(2000). 미술치료의 이론과 실제. 대구: 동아문화사, pp. 499-521 참고.

❹ 동적 집–나무–사람(K–HTP) 검사의 보고서 양식

이 름:	나이:	성별:	생년월일:
주 소:			집 전 화:
직 업:			직장전화:
학 교:			

의뢰 사유

가족 배경과 개인력	가계도

검사 시의 행동관찰

전체 해석요약

검사 실시일:	검사장소:	검사자:

1) 전체적 인상과 그림의 내용

그림의 전체적 인상	

2) 개별 그림 분석

지표		유무	표현의 특징	상징과 해석
1. 집	주제			
	지붕			
	벽			
	문			
	창문			
	굴뚝과 연기			
	방			
	울타리			
	길			
	계단			

지표		유무	표현의 특징	상징과 해석
2. 나무	주제			
	줄기			
	가지			
	수관			
	뿌리			
	꽃, 열매, 잎			
	지면선			
	동물들			
	옹이구멍			
	나무 껍질			
	숲			
	음영			

지표		유무	표현의 특징	상징과 해석
3. 사람	주제와 행동			
	성			
	머리			
	눈, 코, 입, 표정			
	몸통			
	팔			
	다리			
	손			
	발			
	목			
	의복 특징			

3) 전체 그림 분석

그림을 그린 순서 (예: 집 → 나무 → 사람)	
발달 단계 (가장 먼저 그린 그림을 기준)	
그림 간의 부착 여부	
행위	
사용된 상징	
그린 후의 질문	
전체 평가	

김동연, 공마리아(2000). 인물화 및 집·나무·사람 그림에 의한 심리진단법. 대구: 동아문화사, pp. 363-367 참고.

제3장

인물화(DAP) 검사 실시방법 및 해석기준

① 인물화(DAP) 검사의 발전

세심한 관찰자는 항상 미술작품을 통해 그것의 정서적인 의미를 발견해 왔다.

여러 임상가들이 성격에 관한 직감들을 확인하고 분류하는 데 관심을 기울인 것은 놀라운 일이 아니다. 예술가들이 성격에 대한 직감들을 가지는 것은 당연한 일이다.

이미 1885년 Ebenzer Cooke는 아동의 그림이 아동 특유의 성격을 드러낸다고 말했다.

1900년에서 1951년 사이에 두 가지 국제적인 연구 계획에서 아동의 그림을 연구하기 시작했다. 그들은 각국의 교사, 임상가의 협조를 얻어 자료를 수집했다. 그러나 불행하게도 이 두 연구는 보고된 몇몇 예비적인 발견물에도 불구하고 완성되지 못했다.

1920년 Florence L. Goodenough는 『그림에 의한 지능측정』을 저술했다. 그녀는 그림이 어떻게 아동의 지능 발달을 반영하는지 보여 주었고 정신연령에 따른 그림 점수 척도를 개발했다. Goodenough는 그림이 성격 연구에 사용될 것을 이미 예견했으며 그녀의 통찰은 아주 믿을 만한 것으로 판명되었다.

Bender, Buck, Hammer, Jolles, Levy, Machover 등의 작업은 투사적 그림에 대한 지각을 확대시켰다. 그들 작업의 대부분은 간결한 형식으로 요약되어 목록과 그에 따른 해석에 대한 가정으로 정리되어 있다. 그 같은 자료들은 피검자의 마음 속 깊은 곳, 즉 부정되고 수용할 수 없는 억압된 충동들을 더 깊이 연구하기 위한 역동적 성격이론의 배경과 함께 자료로서 사용될 수 있다.

❷ 인물화(DAP) 검사의 실시방법

인물화(DAP: Drawing A Person) 검사의 실시방법은 매우 간단하다. 필요한 것은 8.5″×11″의 흰 종이와 잘 깎은 연필이 전부이다. 이것들을 피검자의 손이 쉽게 닿을 수 있는 곳에 두고 사용할 수 있게 한다.

"사람을 그리세요."라고 말한다.

피검자에게 가능한 한 자유스러운 상황을 제공하는 것이 목적이므로 더 이상의 지시는 필요 없다. 피검자의 질문에는 다음과 같이 대답한다.

"그것은 당신에게 달려 있습니다. 당신이 원하는 대로 하세요."

DAP는 한 개인이 그의 기본적이고 전형적이며 독특한 성격 역동에 따라 비교적 비구조화된 상황에서 DAP를 통해 자신에 대한 중요한 자료를 드러낼 것이라는 가정에 근거를 두고 있다. 또한 DAP에서는 자기상과 이상적 자기상 사이의 일치를 다소 보여 줄 것으로 가정한다. 물론 피검자는 자신에게 중요한 사람(부모, 배우자, 교사 등)을 표현할 수도 있다.

검사하는 동안 검사자는 피검자의 행동을 자세히 관찰하고 관찰기록지에 자발적인 말을 기록한다. 검사 상황에서 나타나는 전체 행동을 연구하고, 채점하며, 해석할 필요가 있다.

이와 같은 DAP 검사 환경 내에서 성격의 전체성에 대한 인식을 DAP 검사 결과의 해석 시 제일 먼저 고려한다.

DAP 검사를 실시하는 동안 피검자는 그의 그림에 대한 예술적 질에 대해 걱정할지도 모른다. 피검자를 안심시키기 위해 이것은 예술적 능력에 대한 검사가 아니며 그런 예술적 능력은 그 검사를 채점하고 해석할 때 실제로 고려하는 것이 아니라고 말해 준다. 호기심이 많은 피검자에게는 DAP 그림이 피검자의 생각과 감정을 이해하는 데 도움을 준다고 설명하는 것이 좋을 듯하다.

DAP의 중요성, DAP의 본질, 그리고 일상적인 절차를 피검자에게 말하는 것이 중요하다.

그렇게 하지 않으면 피검자들은 지나치게 거부적인 태도를 취하거나, 또한 막대 인물상을 그리거나, 판에 박힌 그림을 그리거나 혹은 모든 검사를 거부할지도 모른다.

첫 번째 인물을 다 그렸을 때, 검사자는 피검자에게 그것과 반대 성을 그리라고 요구한다.

피검자가 그의 첫 번째 인물을 '남자, 여자'로 명시하는 것을 허용하지만, 검사자는 '남자' 또는 '여자'라는 단어의 사용을 피해야 한다. 때때로 피검자는 그의 첫 번째 인물이 남자도 여자도 아니라고 주장한다. 그런 경우 피검자가 다른 인물을 그리도록 또는 계속해서 반대 성을 그리도록 요구하거나, 그렇지 않으면 그가 원하는 대로 첫 번째 인물을 양성으로 생각할 수 있다.

만약 피검자의 그림이 고정화된 그림, 즉 막대 인물상, 만화 또는 틀에 박힌 그림이라면 완전한 인물상을 그릴 때까지 검사를 되풀이하는 것이 좋다. DAP가 완료되면 검사자는 피검자의 협조에 대해 감사의 말을 하고 피검자의 이름, 나이, 성, 검사 날짜, 그림의 순서를 그림에 표시한다.

DAP의 수정은 흥미롭다. 예를 들면, 때때로 두 장의 종이 사이에 복사지를 끼워 사용하는 것이 유용한데 그렇게 하면 원 그림의 복사본이 만들어진다. 복사지는 지운 자국을 분명하게 나타내 준다. 만약 피검자가 그의 원래 그림을 수정하고 싶어 하면 검사자는 그에게 수정할 기회를 준다. 물론 수정한 것과 원래 그림의 복사본을 비교할 수 있다. 수정된 부분들은 관심이나 어려움을 갖고 있는 영역을 나타낸다. '정상적인' 개인은 균형과 통제를 더 잘 나타내는 인물상으로 수정하는 경향이 있다. 불안에 시달리는 사람들이 수정한 인물상은 빈약한 통제, 딱딱함, 연약함, 압박감을 드러내는 경향이 있다.

전형적으로 경직되고 회피적인 피검자는 그들 자신을 드러내기를 피하려고 노력하며 막대 인물상이나, 혹은 사람을 최소한으로 묘사함으로써 검사의 가치를 떨어뜨리려 한다. 이런 피검자들에게는 완전한 인물상을 그리도록 요청하는 것이 좋다. 이것은 Rorschach 검사 실시상의 검사에서의 한계와 다소 유사하다.

DAP 검사의 한 가지 목적은 보다 많은 자료들이 표출될 수 있도록 피검자들을 자극하는 것이다. 그래서 보다 분명하게 결함들을 드러내도록 한다. 만약 피검자가 경직되고 방어적이거나 조심스러움을 표시한다면, 피검자가 자신을 솔직하게 나타낼 수 있도록 배려해야 한다.

만일 그들이 머리 부분의 세부묘사가 부족한 인물을 그렸다면, 머리 부분이나 상반신을 상세히 그리도록 피검자에게 요청하는 것이 중요하다. 머리 부분은 자아개념과 사회적 환경을 다루는 능력에 대한 가장 확실한 척도이다. DAP 이론에서 머리 부분은 자아의식의 장소이다.

❸ 인물화(DAP) 검사의 해석

DAP를 해석하는 것은 어떤 사람에게는 믿지 못할 정도로 간단하고 쉽게 보이지만 또 다른 사람들에게는 극도로 어렵고 이해할 수 없는 과제로 보인다.

DAP 해석의 처음 단계는 그려진 인물들을 단지 묘사하는 것이다. 그들은 나이가 많은가, 적은가? 활동적인가, 비활동적인가? 유순한가, 엄한가? 잘생겼나, 못생겼나? 몸이 육중한가, 작은가? 행복한가, 슬픈가? 정장인가, 일상복인가? 근육질인가, 약하거나 위축적인가? 적극적인가, 지배적인가, 또는 소극적인가? 이와 같은 많은 질문들이 제기될 수 있고 그 같은 인물상을 그린 피검자와 관련된 다양한 해석적 전제를 제의할 수 있다. 여기서의 가정은 DAP 검사를 다룸에 있어서, 그림을 통한 신체상에 대한 지각과 무의식적으로 DAP 검사의 피검자들을 이끄는 개인적 느낌의 투사와 관련된 것이다.

일부 검사자들은 그들이 그린 인물들을 말로 표현하도록 다음과 같은 질문을 피검자에게 한다.

"여기에 그린 사람을 보면 어떤 것이 연상되나요?"

"그는(그녀의) 어떤 사람입니까?"

"이 사람에 대한 이야기를 말해 주세요."

경험 없는 피검자는 종종 이런 절차 동안 자신과 관계되는 중요한 자료를 나타내는데, 이로써 DAP 임상의 타당성이 증진된다.

비록 위에서 말한 절차가 DAP 해석 기술로 표준화되지는 않았지만 그것들은 검사자가 더 의미심장한 가정들을 이끌어 낼 수 있는 유용한 단서를 제공한다. 더구나 검사자는 피검자들에 대한 동료들의 기술과 설명을 그것과 비교할 수 있다.

해석 시, 검사자는 DAP 그림에서 ① 머리, ② 손, 팔, 어깨, 가슴, ③ 동체 ④ 다리와 팔이라는 네 가지의 주요 부분을 연구해야 한다.

목적은 갈등, 공격성, 생략, 왜곡된 부분들을 밝히는 데 있다. 신체의 어느 부분이 음영, 크기, 생략 등에 의해서 특별히 강조되어 있는가? 피검자가 지운 곳은 어디인가? 어느 선이 강조되고 어느 선이 희미한가? 운동 통제가 안 된 곳은 어디인가? 곡선과 끊어진 선은 어디 있는가? 특별히 조작을 가한 부분이 있다면 이 목록에 그에 대한 해석적인 가정들을 기록할 수 있다. 이런 간단한 목록은 갈등에 관한 검토와 심층 분석을 위해 나중에 사용할 수 있다.

위에 언급한 네 가지 주요 부분들을 살펴보자.

첫째, 머리이다. 그것은 자기나 자아를 의식하는 장소이다. 머리는 외부 세계를 지각할 수 있게 한다. 눈과 귀는 자극들이나 자기 이외의 자료를 받아들인다. 대뇌는 이 자료를 조직화하고 해석한다. 그리고 반응체계에 대해 지능적인 통제와 통합을 제공한다. 입은 몸에 물건을 집어넣는 입구 (구강 의존)이고 공격성, 친애, 그리고 다른 느낌들의 출구가 된다. 머리에서는 지적인 갈망과 욕구불만이 나타난다. 또한 여기에서 사랑이 수용되거나 거절되거나 혹은 무시된다. 그리고 다른 사람들의 세계가 수용되거나 거절되거나 혹은 다른 방식으로 다루어진다. 여성의 육체적인 매력에 대한 갈망들이 얼굴의 세밀한 묘사에서 나타날 수도 있다. 경멸과 증오, 격심한 공격성은 어둡고 날카로운 눈에서 보일 수 있다. 특별히 세밀하게 표현된 귀에서 지나친 민감함과 심한 의혹감을 볼 수 있다. 머리는 피검자의 자아개념뿐만 아니라 다른 것들과의 상호작용에서 가장 타당한 통찰력을 검사자에게 제공할 수 있다.

둘째, 손, 팔, 어깨, 가슴이다. 그것들은 대뇌의 명령이나 신체의 자극을 수행하기 위한 기능적인 단위 형식으로 결합된다. 이 기능적인 단위 안에서 크기, 모양, 힘, 손을 내민 정도, 공격선의 정도, 그리고 모순적인 표시들을 관찰할 수 있다. 피검자가 돕기 위해 손을 뻗은 것과 같은 모습을 그리는가? 세계와 싸우고 있는가? 다른 사람으로부터 모든 것을 뺏으려 하고 있는가? 그들은 다른 사람과 세계로부터 멀어지기 위해서 안으로 철수해 있는가? 신체적으로 유능하거나 약하거나 혹은 부족한가? 피검자의 신체적 힘과 그 인물과 힘의 대조는 어떠한가? 이와 같은 몇 가지 질문들에 대해 살펴보아야 한다.

셋째, 동체 또는 몸통이다. 동체는 손, 팔, 어깨, 가슴과 유사한 효력의 특징을 나타낸다. 여기에서 옷은 신체를 가리고 피검자가 세계에 드러내는 외관이나 '표면'으로서 상징적으로 중요하다. 의존적인 인물, 신체적 곤란과 관련 있는 인물들은 중앙선의 강조를 보여 준다. 신체의 육체적 충동은 알몸, 수영복 차림의 모습 또는 엄격하고 형식적인 옷차림 등으로 강조될지도 모른다. 통제나 금지의 지표들로는 동체와 상징적으로 결합되는 충동들을 차단하는 경향이 있는 타이, 벨트, 보석 등이 있다.

넷째, 다리와 발이다. 여기에는 자율성, 자기 운동, 자기 지시와 균형 등이 나타난다. 긴 다리를 그린 그림은 자율을 위해 노력함을 보여 준다. 균형 잡힌 인물상이나 넘어질 듯 기울어진 인물상은 각각 정서적 안정 또는 불안정을 보여 준다. 안정 또는 불안정성은 대칭, 비대칭에 의해서도 나타날 수 있다. 남자상에서 발은 남자다움 또는 남자다움에 대한 회의를 나타낸다. 여자상에서 다리는 성적 관심을 나타낸다.

　네 가지의 주요 신체 부위의 상호작용은 극히 중요하다. 다른 신체 부위 간 해석의 불일치를 해결해야만 한다. 이때 검사자는 피검자의 배경, 가족, 주된 불만, 그림에 대한 서술과 자발적 설명을 고려해야 한다. 이것은 피검자가 그린 그림에 대한 모든 가정들을 가지고 그의 문제와 욕구불만에의 전형적인 반응을 대조하는 데 도움이 될 것이다. 해석은 검사자가 세부적으로 적어 놓은 세부 사항의 처리와 목록에 적혀 있는 의미로써 분명해진다. 인물상의 가정들에 대한 주의 깊은 통합이 절대 필요하다. 검사와 해석의 가장 어려운 단계가 종합적인 평가이다.

오오도모(大伴茂)의 인물화 분석 규준과 해석

부위	성격분석 규준	상징적 의미	남자상	여자상
Ⅰ 위치	1. 상반(전체의 1/2)	• 낙천적, 보다 높은 곳에 이르려는 태도	S	S
	2. 하반(전체의 1/2)	• 비관적, 때로는 억압, 뿌리를 내린 고요	S	M
	3. 좌반(전체의 1/2)	• 자기 자신에게로 향함. 내향적, 여성적	M	M
	4. 우반(전체의 1/2)	• 환경에로 향함. 외향적, 남성적	S	S
	5. 상반 우반	• 낙천적, 남성적	S	S
	6. 상반 좌반	• 낙천적, 여성적	S	S
	7. 하반 우반	• 비관적, 침체적	M	M
	8. 하반 좌반	• 비관적, 억제적	M	M
Ⅱ 대소	9. 크다(2/3 이상)	• 자아강대, 확대적, 공격적 감정, 자아상일 때에는 보상적 공상으로 불완전한 느낌에 응답하는 것을 뜻하며, 부모상이면 강대·유력 또는 위협적이거나 징벌적	S	S
	10. 작다(1/2 이하)	• 자아약소, 열등감을 품고 환경에 응답	M	M
	11. 그림과 그린 사람 자신과 같은 성이 불균형하게 크다.	• 자신의 과시, 때로는 편집적이다. 부모의 상이면 자기와 같은 성의 부모가 가정에서 강대하다.	S	S
	12. 자기와 같은 성이 불균형하게 작다.	• 자아의 약소, 자각, 때로는 편집적이다. 부모의 상인 경우는 자기와 같은 성의 부모가 가정에서 약소하다.	Sch	Sch

부위	성격분석 규준	상징적 의미	남자상	여자상
Ⅲ 모 습	13. 행동이 수반되고 있다(달리고 있다).	• 신체활동에로의 강한 충동, 도피 달성의 욕구	F	F
	14. 행동이 수반되고 있다(걷고 있다).	• 위험상태에 빠지기 쉽다. (13번도 마찬가지임)	F	F
	15. 앉아 있다. 기대고 있다.	• 의존적 세력의 약소, 욕망의 결여, 피로함	M	M
	16. 몸이 기울고 있다.	• 불안정, 불만	F	F
	17. 선이 극도로 딱딱하다.	• 깊이 뿌리박힌 곤란. 자아강대	S	S
	18. 선이 극도로 부드럽다.	• 자아약소	M	M
	19. 선이 기계적(전부 선화 [線畵], 기하학적 도형)	• 운동적 의미가 결여됨. 정신장애	X	X
	20. 선이 극도로 가늘다.	• 신경질, 열등감, 자폐증	N	N
	21. 선이 극도로 거칠다.	• 정신불안, 자아강대	Sch	Sch
	22. 부위 생략(머리, 등, 팔, 다리 네 가지의 생략)	• 생략 부위에 관계있는 갈등, 자기의 불구, 결함에 대한 초조함	C	C
Ⅳ 묘 화 순 서	23. 여기저기서 그리기 시작한다.	• 불안정하고 신경적인 반응	N	N
	24. 본인과 같은 성을 나중에 그린다.	• 性에 혼란이 있음. 이성의 부모에 대한 의존이나 집착 혹은 이성의 누군가에 대한 의존이나 집착	C	C
	25. 팔이나 손부터 먼저 그린다.	• 환경과의 접촉을 극도로 싫어하는 부적응을 자각하지 않으려는 경향	M	M
	26. 팔이나 손을 맨 나중에 그린다.		F	F
	27. 다리와 손을 먼저 그린다.	• 자아약소	M	M
	28. 머리를 맨 나중에 그린다.	• 도피 경향, 죄악감	F	F
	29. 얼굴은 맨 나중에 그린다.	• 대인관계의 혼란, 혹은 외적 자극 거부, 또는 자기를 뚜렷이 밝히려 하지 않는다.	C	C
	30. 동체부터 그린다.		S	S

부위	성격분석 규준	상징적 의미	남자상	여자상
V 머리	31. 매우 크다(몸체의 1/2 이상).	• 적극적, 무의식적으로 지적인 것을 열망하고 공상에 의해서 만족한다. 머리가 큰 쪽의 인물이 가정에서도 권위가 있다. 때로는 두통, 질병, 기타 내장의 징후	S	S
	32. 작은 머리	• 강박신경증, 지적 무능력, 죄악감이나 고통을 없애려는 상징	Y	Y
	33. 뒤로 향한 머리(뒤통수)	• 분열증적 편집증	Sch	Sch
	34. 머리카락을 주의 깊게 다루었음(모자를 씌우고 모발을 밖으로 나오게 그린 것도 포함)	• 자기애적, 동성애적	Ps	Ps
	35. 모발이 없는 남자	• 분열증적	Sch	Sch
	36. 머리카락을 흐리고 가늘게 그린다.	• 겁쟁이, 꽁한 성격	M	M
	37. 머리카락을 위로 세워서 그린다.	• 자아강대, 자기중심적	S	S
	38. 머리카락을 매우 길게 그린다(머리숱이 많은 것 포함).	• 성적으로는 양방향적 적대공상이 있다.	Ps	Ps
	39. 머리카락을 까맣게 칠한다.	• 사고, 공상에 불안이 있다.	F	F
	40. 머리카락이 얼굴 양쪽으로 늘어뜨려졌다.	• 적의의 감정에 지배당하고 있다.	C	C
	41. 야단스럽게 그려진 여성의 머리카락	• 성적 불량화	Ps	Ps
VI 눈	47. 눈을 강조한다.	• 변질적 호기심, 과다 경제적	Sch	Sch
	48. 크다.	• 큰 것은 공격적, 크고 어둡게 그려진 것은 편집적, 크고 눈동자가 없는 것은 허식에 대한 죄악임	S	S
	49. 눈동자의 생략 또는 결손	• 무엇인가의 죄책감	F	F
	50. 눈동자를 검게 그린다. 또는 세로로 그린다.	• 공격적, 적대적, 자기주장적	S	S

부위	성격분석 규준	상징적 의미	남자상	여자상
VI 눈	51. 작은 눈 52. 감은 눈 53. 남자상에 속눈썹을 그린다.	• 외부세계에 주의를 기울이지 않는다. • 신체적 자기상 • 조숙, 성적 이상	M F Ps	M F Ps
VII 코	54. 큰 코, 넓적한 코 55. 코를 문질러서 그린다. 56. 명암을 붙인다. 57. 작은 코 또는 결손된 코 58. 특히 두드러진 콧구멍	• 성적 발달, 성적 불능의 보상, 경멸, 거부 • 거세불안. 눈보다 위로 튀어나온 것은 성적 부적응을 나타냄 • 성적 이상 • 성적 갈등, 성적 미숙 • 공격적	Ps Ps Ps C S	Ps Ps Ps C S
VIII 입	59. 큰 입 60. 특수한 형태로 강조 61. 입술의 강조 62. 간단한 선으로 타원 모양으로 벌리고 있다. 63. 너무 작은 입 64. 이를 보이고 있다. 65. 혀를 보인다.	• 성적 이상 • 입에 의한 공격적 충동에 기인하는 불안, 우울증, 알코올 중독, 적대감 • 구순적 성욕 • 유아기에로의 퇴행	Ps F Ps M M Sch Sch	Ps F Ps M M Sch Sch
IX 턱	66. 특히 넓은 턱 67. 특히 좁은 턱, 옆얼굴에서는 튀어나온 턱 68. 여성 얼굴에서 큰 턱 69. 여성 얼굴에서 수염을 그린다.	• 사회적 우위를 구한다. • 사회적 무능력 • 성적 이상 • 성적 이상	S M Ps Ps	S M Ps Ps
X 귀	70. 특히 크다. 71. 귀에 특수한 표현을 한다. 72. 매우 작다. 73. 귀를 생략하거나 나쁜 위치에 그렸다.	• 다른 사람들의 비판에 마음을 쓴다. • 귀의 질병 • 다른 사람의 비판에 귀를 기울이지 않는다.	N Y S M	N Y S M

부위	성격분석 규준	상징적 의미	남자상	여자상
XI 목	74. 길거나 가늘다.	• 분열증적, 음식 삼키는 것이나 정신적 소화 장애	Sch	Sch
	75. 짧다.	• 감정의 통제가 안 된다.	F	F
XII 동체	76. 모가 났다.	• 표현운동(남성적)	S	S
	77. 둥글다.	• 발달지체(여성적)	B	B
	78. 넓다.	• 의식적으로 욕구불만이 많다.	C	C
	79. 좁다.	• 열등감정, 충동의 불안	M	M
	80. 가늘고 길며 평행선을 그은 동체	• 분열증적 퇴행	Sch	Sch
XIII 팔과 손	81. 동체가 없는 것	• 자기애, 굳어 있는 성격, 충동 거부	Sch	Sch
	82. 형상부터가 과장되어 있다.	• 손의 활동에 대한 불만, 접촉 곤란, 부적절한 감정에 대한 보상적 행동	Sch	Sch
	83. 가늘다(간단한 선으로 되어 있다).	• 열등감, 노력할 보람이 없다는 감정	M	M
	84. 넓게 벌린 팔	• 강대함을 나타냄. 공격적, 적극적 욕구를 표시한다.	S	S
	85. 아랫부분에서 넓어지는 팔	• 행위는 충동적이고 자기통제력이 결여되어 있다.	N	N
	86. 동체에서 튀어나온 팔	• 무감정적이고 통제할 수 없다.	M	M
	87. 길고 탄탄한 팔	• 완력이 부족한 데 대한 보상	Sch	Sch
	88. 너무 긴 팔	• 과도한 야심	S	S
	89. 동체에 밀착한 팔	• 소극적 혹은 방어적인 감정	S	S
	90. 팔이 없다.	• 분열증적, 우울증적. 팔이 없는 것은 어머니의 양육방법 불량을 나타냄	Sch	Sch
	91. 손이 없다.	• 보통 이상의 무능으로 손이 없는 것은 부적응감이 크다는 것을 말함	C	C
	92. 손가락을 폈다(때로는 그늘지게 그렸다).	• 손의 활동에 대한 불안	F	F
	93. 주먹을 쥐었다.	• 억압된 공격성	S	S
	94. 손을 크게 그린 것	• 강대함을 나타냄	S	S
	95. 팔이 가슴 또는 앞에서 교차	• 회의적이고 적대적인 태도	Sch	Sch
	96. 팔을 뒤로 돌린다.	• 공격적, 적대적 감정을 억제하려고 한다.	Ps	Ps
	97. 손을 허리에 대고 있다.	• 성의 공포를 안고 있는 방어적 태도, 성에 대해서 편견을 가지고 있음	F	F

부위	성격분석 규준	상징적 의미	남자상	여자상
XIII 팔 과 손 (계 속)	98. 검게 칠해진 손(또는 그늘지게 한다).	• 자위, 훔치기 싸움 등 손에 의한 행동의 죄악감 불안	Sch	Sch
	99. 호주머니에 넣은 손 또는 감추어진 손	• 자위에 대한 죄악감, 접촉 곤란, 도피, 불량소년, 이상자	S	S
	100. 손톱, 관절의 주의 깊은 스케치	• 강박증적 혹은 정신분열증 환자의 경우와 같은 신체 개념에 관한 곤란을 표시함	Sch	Sch
	101. 열쇠처럼 그려진 손가락	• 적의 공격	Sch	Sch
	102. 손과 관계없는 손가락	• 유아적 공격	F	F
	103. 검게 칠해진 손가락	• 자위 또는 훔치기 등과 같은 죄악감	C	C
	104. 5개 이상의 손가락	• 야심, 공격		
XIV 다 리 와 발	105. 다리가 길다.	• 정신적 미발달, 다리의 미발달	B	B
	106. 다리가 없다.	• 성적 부전	Ps	Ps
	107. 다리의 과장		S	S
	108. 교차된 다리	• 성적 접근에 대한 방어	Ps	Ps
	109. 길이가 똑같지 않은 다리	• 충동과 자기통제의 갈등	C	C
	110. 하나로 된 다리	• 긴장하고 있는 성적 불능	Ps	Ps
	111. 여윈 발과 투명한 팬티를 통해서 그린다.	• 갈등	C	C
	112. 큰 발	• 안정에의 요구, 성적 세력의 과시	S	S
	113. 작은 발	• 위축, 의존적	M	M
	114. 발을 벌렸다.	• 안정의 보상	S	S
	115. 발의 생략	• 자기통제 결여	N	N
	116. 반대 방향으로 향한 발	• 감정의 갈등이 심함	C	C
	117. 발가락의 강조	• 억압된 적대적 태도	S	S
	118. 발가락을 감추거나 흐릿하게 그림(신을 신고 있을 때에는 적절히 판정)	• 위축, 소극적 의존	M	M
	119. 주의 깊게 그린다.	• 애정 물질 결손의 보장	Sch	Sch
	120. 나체화		Ps	Ps
	121. 가슴의 포켓 강조(손수건 등을 넣었다).	• 어머니에의 의존, 유아적 부적응	F	F

부위	성격분석 규준	상징적 의미	남자상	여자상
XV 의 복	122. 단추의 강조(많이 달았다).		F	F
	123. 넥타이에 주의를 기울였다.		Ps	Ps
	124. 의복을 입고 있는 듯도 하고 나체인 듯도 하다.		Sch	Sch
XVI 기 타	125. 엉덩이를 둥글고 크게 보통 이상으로 그린다(성기 부분의 노출을 포함).		Ps	Ps
	126. 다리 및 팔의 관절부를 그린다.		Sch	Sch
	127. 어깨를 치켜 올렸다.		S	S
	128. 무릎을 노출		Ps	Ps
	129. 전신 및 그 주위에 그늘 같은 것을 그리고 또 마룻바닥이나 땅을 그린다.		C	C
	130. 내장을 그렸다.		X	X
	131. 해부도	• 분열증적, 조증적	Sch	Sch
	132. 좌우가 극단적으로 균형을 잃고 있다.	• 성격 전체의 부조화 혼란	Sch	Sch
	133. 한쪽 성은 정면, 다른 성은 옆면으로, 양성 모두 옆면으로 향했다.		F	F
	134. 손에 뭔가를 쥐고 있다.		F	F
	135. 뒤를 향한 상		F	F
	136. 만화나 바보스러운 그림(주의를 주어도 계속 그린다).		Sch	Sch
	137. 절대로 그리기를 거부		(Y)	(Y)

부위	성격분석 규준	상징적 의미	남자상	여자상
XVII 특히 여성에 대해서	138. 여성의 가슴을 특히 강조	• 구강적 의존성 욕구	Ps	Ps
	139. 팔과 손이 길고 두드러지게 눈에 띈다.	• 보호적인 모상에 대한 욕구	F	F
	140. 여성적 특징이 표면적 혹은 상징적인 그림으로서 정성 드려 그린 그림	• 두드러지게 좌절된 오이디푸스적 감정	C	C

1) S요인과 M요인

S(Sadistic)는 자아발동의 적극적인 면, M(Masochistic)은 자아발동의 소극적인 면을 말한다.

2) C요인

C는 갈등(Conflict)이다.

3) F요인

F는 욕구불만(Frustration)이다.

4) Sch요인

Sch를 일반적으로 말한다면 정신분열증(Schizophrenia)이라고 할 수 있다.

5) N요인

N요인은 신경증(Neurosis)이다.

6) Ps요인

Ps(Psychopath)는 병적 성욕을 의미하여 복잡한 성적 흥미, 병리적 성적 행동(동성애 포함)을 포함한 정신병적 인격자를 의미한다.

〈표 1〉 성격요인과 부호

부호	성격요인(상징적 의미)	문제지표(140)
S	자아발동의 확대, 남성적, 적극적, 낙천적, 양성, 자기주장적	27
M	자아발동의 약소, 여성적, 소극적, 비관적, 음성적, 의존적	21
C	정신적 갈등, 콤플렉스, 정신적 곤란	13
F	욕구좌절, 초조, 욕구불만	21
Sch	정신병적, 분열증적, 우울병적, 편집적, 망상적	26
N	일반적으로 신경증적, 노이로제적 경향	6
Ps	복잡한 성적 흥미, 병리적 성적 행동	20
B	정신 미발달	2
X	정신적 장애(기질적 정신병)	2
Y	신체적 장애(사지장애, 허약)	2

〈표 2〉 진단

부 호	(　　)의 문제지표		
	남자상	여자상	합계
S			
M			
C			
F			
Sch			
N			
Ps			
B			
X			
Y			
지 표			

④ 인물화(DAP) 검사의 최종 보고서 작성방법

DAP 검사의 최종 보고서는 다음과 같은 사항을 포함한다.

1) 검사 상황과 검사받는 피검자의 반응에 대한 기술

2) DAP에 대한 피검자의 태도에 대한 간략한 기술: 그는 마지못해 하는가, 정열적인가, 말이 없는가, 자기 폭로적인가, 조용한가, 질서 정연한가, 충동적인가, 확인을 바라는가, 다음 지시를 요구하는가, 그가 자기 연민적인가, 자기 멸시적인가, 엄격한가, 검사자를 기쁘게 하려고 시도했는가, 호기심이 강한가, 얼마나 오랫동안 그렸는가, 시간에 대해 질문했는가, 검사자가 기대하는 그림의 유형에 대해 질문했는가?

3) 인물상에서 나타난 일반적 인상

4) 남자상과 여자상의 차이점: 처음 그린 성은? 더 공격적인 성은? 피검자의 나이와 가까운 성은? 더 능력 있는 성은? 더 활동적인 성은? 좀 더 나은 분위기를 나타내는 성은? 윤곽, 크기, 위치의 차이점은? 피검자가 동일시하는 성은? 피검자가 좀 더 세부적으로 그리거나 시간을 많이 소비한 성은? 지시에 보다 더 갈등을 한 성은?

5) 목록으로부터 유도해 낸 해석적 가정에 대한 토의

6) 요약: 해석적 가설들, 임상적 판단, 생육사, 피검자의 현재 행동 간의 모순은 가능한 한 최종적으로 통합하여 성격에 대하여 기술한다.

❺ 주의점

　인간 행동과 관련된 해석은 피검자의 생물–사회적 환경에 대한 충분한 고려와 평가 없이는 이루어질 수 없다. 임상적인 인상들과 상충되는 해석들은 대상의 내력, 더 많은 검사, 현재와 과거의 행동으로부터 타당성 있는 증거에 의해서 입증될 때까지 점검하고 신중하게 고려하여야 한다.

　DAP가 성격 구조와 신체 관계의 영역에 대한 주요한 통찰을 가져다줄지라도 피검자가 수반하는 모든 주위 환경이 예측되거나 통제될 수 없기 때문에 정확한 미래를 예측할 수는 없다. 임상가가 결과들에 대해 타당한 확신을 가지고 있다면, 그는 미래의 행동과 결과를 빈틈없이 추측할 수 있다. 그러나 추후에 임상가들이 피검자의 행동을 수정할 수 있으므로 피검자의 행동이 임상가의 기대와 일치될 가능성이 증대될 수도, 감소될 수도 있다.

　DAP 검사 연구들에 근거한 임상 자료와 생육자료가 DAP에서의 발견들을 입증하지 않는다면, DAP를 사용하여 개인들을 분류하거나 미래의 어려움들을 예언하는 것은 타당하지 않다. 가장 기괴한 그림들조차도 현재의 모습을 나타낸다. 그림에 가정 또는 지역사회의 생산적이고 사회적으로 적합한 일원으로서 기능하는 피검자가 매일 사용하는 심상적인 기제가 거의 결여되어 있을 수도 있다. 사고와 감정들에 대한 기괴하고 기본적으로 다른 표현들이 발견될지도 모른다. 그러나 눈에 띄는 무능력에 대한 통제들은 피검자가 적응해 나가는 일상의 활동과 과거력을 앎으로써 이해될 수 있다.

　명백한 정신병리를 밝히는 임상가들은 확실하다고 생각하는 그들의 결정과 결론이 종종 환자들에게 받아들여지지 않으며, 그래서 제한적인 결과를 가져온다는 것을 기억해야 한다. 선의에 의한 것이라 하더라도, 그같은 통찰과 자료를 숨기려고 애쓰는 환자들이 받아들일 수 없는 통찰이나 정보를 강요하는 것은 환자와 임상가 모두에게 불행을 초래한다. 효과적인 임상 작업을 위해서는 주의 깊게 듣고, 객관적인 자료를 모으고, 판단을 중지하는 능력이 중요하다. 해석을 할 때 결과 제시에 있어서 극단적이기보다는 오히려 개별적이고, 정중하며, 성실하게 결과를 제시하여야 한다. 임상가들은 모든 개인이 다소 정신병리적인 측면을 가지고 있지만, 이와 함께 역균형을 이루는 보상적 행동 및 적응기제도 가지고 있기 때문에 기능한다고 한다. 그러므로 기능적인 자율을 유지하게 하는 약점들에 대처하는 법과 감정들을 고려하는 것이 중요하다. 다른 사람들의 약점에 대한 경멸은 종종 자신의 약점과 관련된다는 것을 나타낸다.

김동연, 공마리아(2000). 인물화 및 집·나무·사람 그림에 의한 심리진단법. 대구: 동아
문화사, pp. 1-8 참고.
한국미술치료학회(2000). 미술치료의 이론과 실제. 대구: 동아문화사, pp. 478-497
참고.

❻ 인물화(DAP) 검사의 보고서 양식

이 름:	나이:	성별:	생년월일:
주 소:			집 전 화:
직 업:			직장전화:
학 교:			

의뢰 사유

가족 배경과 개인력	가계도

검사 시의 행동관찰

전체 해석요약

검사실시일:	검사장소:	검사자:

인물화 1(남자상)	〈전체적 인상〉		
체크 항목		**표현의 특징**	**상징성과 해석**
형식적 분석	소요시간		
	그린 순서		
	크기		
	위치		
	필압		
	선의 성질		
	지우기		
	대칭성		
	방향		
	세부묘사		
	생략과 왜곡		
	절단		
	그림자		
	음영		
	투시화		
	원근법		
	지면선		
	기타 표시		
내용적 분석	행동		
	성차의 표시		
	머리		
	눈		
	코		
	입		
	표정		
	몸통		
	팔		
	다리		
	손		
	발		
	손가락		
	발가락		
	의복		
	모자		
	단추		
	넥타이		
	허리띠		
	주머니		
	신발		
	기타 특징		
그린 후의 질문			

인물화 2(여자상)		〈전체적 인상〉	
체크 항목		**표현의 특징**	**상징성과 해석**
형식적 분석	소요시간		
	그린 순서		
	크기		
	위치		
	필압		
	선의 성질		
	지우기		
	대칭성		
	방향		
	세부묘사		
	생략과 왜곡		
	절단		
	그림자		
	음영		
	투시화		
	원근법		
	지면선		
	기타 표시		
내용적 분석	행동		
	성차의 표시		
	머리		
	눈		
	코		
	입		
	표정		
	몸통		
	팔		
	다리		
	손		
	발		
	손가락		
	발가락		
	의복		
	모자		
	단추		
	넥타이		
	허리띠		
	주머니		
	신발		
	기타 특징		
그린 후의 질문			

사례별 KFD, K-HTP, DAP
그림 진단 및 해석

01 집중력이 부족한 14세 남학생 사례

1. 내담자의 가족사항 및 특징

◆ 나이(학년): 14세(중등 1년)

◆ 성별: 남

◆ 가족사항

부(47, 회사원)는 내담자를 엄격하게 훈육하는 편이며, 다소 소원한 관계이다. 모(44, 유통업)는 사교성이 좋고, 활발하나 우유부단한 성격이며, 내담자와 대화를 많이 하고 가장 친밀한 관계이나 지시적인 면이 있다. 누나(16, 중등 3년)는 똑똑하고 자기주장이 강하나, 내담자와 갈등이 있다. 남동생(11, 초등 4년)은 사교성이 좋고, 형의 느린 행동에 대해 배려심이 있고 잘 도와준다.

2. 의뢰 사유

◆ 집중력 부족

◆ 말이 많고, 행동이 느림(학교에서 주어진 과제를 마치지 못함).

◆ 또래와의 관계가 원만하지 못함(친구들이 싫어함).

◆ 태아 때 어머니가 시댁과의 갈등으로 태교가 원만하지 못하였음(출생 후 3~4개월에 폐혈증, 요도염증 등으로 병원에 오래 있었으며, 할머니가 양육함. 우유를 먹지 않아 죽을 먹임).

3. 그림 진단

◆ KFD

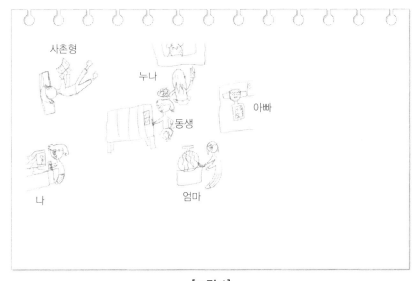

[그림 1]

◆ 진단
- 중심에 배치한 동생으로 보아 가정의 에너지가 동생에게로 모여 있음.
- 엄마의 수박 자르는 칼로 보아 모의 공격성(내담자가 지각되고 있는)이 있는 것으로 보임.
- 내담자의 위치(좌, 하)로 보아 비관적, 억제적인 감정(가족으로부터의 소외감을 느낄 수 있음)이 있음.
- 사촌형(가족 외의 묘사)이 등장하는 것으로 보아 가족 내의 누구에게도 마음을 털어놓을 수 없는 상태로 외로운 감정 상태임.
- 아빠를 이불로 포위시킨 것으로 보아 위협적이거나 두려워하는 존재로 인식됨.

- TV를 보고 있는 뒷모습의 누나에 대한 감정은 매우 부정적임.
- 전체적인 분위기로 보아 가족 간에 상호 소통이 원활하게 잘되지 않
  고, 정서적 유대관계가 이루어지지 않는 것으로 생각됨.

◆ K-HTP

[그림 2]

◆ 진단
- 정교한 지붕으로 보아 강박적인 경향, 강박적 방식을 통해 통제하고
  자 하는 대상(모로 유추됨)으로 인한 내적 인지과정, 내적 공상과 관련
  된 불안감이 있음.
- 창문의 위치가 문보다 위에 위치한 것으로 보아 내적인 고립감과 위
  축감이 있음.
- 지표면 표시로 보아 스트레스가 많은 것으로 생각됨.
- 나무의 상흔으로 보아 심리적 외상(상처)이 있는 것으로 보임.
- 나무가 좌측에서 절단된 것으로 보아 미래를 두려워하여 과거에 고

착, 타인에게 의존적이며 같은 것을 강박적으로 반복하려는 경향이 있음.

- 필압과 벌레 등장으로 보아 우울한 것으로 사료됨.

- 뾰족한 나뭇가지로 보아 사회적으로 위축되어 적대감이나 공격성이 내재되어 있음.

- 머리가 큰 것으로 보아 자신의 지적 능력에 대해 불안감을 느끼지만 이를 과도하게 보상하고자 하는 욕구로 과시적으로 표출하거나 내적인 소망 충족적 공상에만 과도하게 몰두할 가능성이 있음.

- 옆얼굴 표현은 자신감 부족을 나타냄.

- 눈동자 모양(곁눈질)으로 보아 눈치를 보는 것으로 생각됨.

- 귀 생략으로 보아 정서적 자극을 받아들이고 느끼고 자신의 감정을 표현하는 데 대해 불안하고 자신이 없으며, 때문에 사회적 상황이나 감정교류 상황을 회피하고 위축되는 경향을 반영함.

- 코의 크기로 보아 타인과의 감정교류에 대해 수동적이고 회피적인 태도로 외모에 대해 자신이 없고 위축됨.

- 입 모양으로 보아 대인관계 상호작용에서의 무기력감과 수동적인 태도를 반영함.

- 풀의 등장으로 보아 에너지는 많은 것으로 보임.

◆ DAP

[그림 3]   [그림 4]

- 여자를 먼저 그린 것으로 보아 성역할의 혼란이 있는 것으로 유추됨. 이는 성교육의 필요성 및 부, 모의 모델링이 필요한 것으로 생각됨.
- 여자의 속눈썹으로 보아 호기심이 많고 혀와 이가 보이는 것으로 보아 정서적으로 욕구충족, 애정충족에 심히 좌절감을 느끼고 있고 이후 또 상처 받지 않을까 하는 불안감을 느끼고 있음.
- 어깨의 생략으로 보아 스스로 책임지는 것에 대해 매우 자신 없어 하고 부적절감을 느끼며 책임지는 상황을 회피하고자 함.
- 다리를 종이 밑면 가까이 그린 것으로 보아 내면의 불안정감이 심함.
- 전반적인 신체 비율이 불균형적인 것으로 보아 자기 응집성과 관련하여 심한 현실지각의 왜곡이 있을 수 있음.
- 눈동자 모양으로 보아 내적인 공허감을 반영함.
- 사람의 위치로 보아 비관적, 억제적, 우울한 감정이 많음.

4. 치료사의 소견 및 총 평가

◆ 강박적인 경향, 강박적인 방식을 통해 통제하고자 하는 대상(모로 유
추됨)으로 인한 내적 인지과정, 내적 공상과 관련된 불안감이 있으며
이로 인해 타인에게 의존적이며 같은 것을 강박적으로 반복하려는
경향이 있음. 아울러 심리적 외상(상처)으로 인해 애정충족에 심히 좌
절감을 느끼고 이후 또 상처 받지 않을까 하는 불안감과 자신의 감정
을 표현하는 데 대해 불안하고 자신이 없으며 그러므로 대인관계 상
호작용에서의 무기력감과 수동적인 태도를 반영함. 뿐만 아니라 자
신의 지적 능력에 대해 불안감을 느끼지만 이를 과도하게 보상하고
자 하는 욕구가 과시적으로 표출됨으로써 역기능적이 되는 것이 또
다른 자신감 부족의 원인이 됨. 자기 응집성과 관련하여 현실지각의
왜곡과 심한 스트레스와 비관적, 억제적, 우울한 감정이 많음. 따라
서 불안, 우울한 감정을 완화시키고 자존감을 향상시키기 위한 미술
치료가 필요하다고 판단됨.

02 또래와 관계형성이 어려운 9세 남아 사례

1. 내담자의 가족사항 및 특징

◆ 나이(학년): 9세(초등 2년)

◆ 성별: 남

◆ 가족사항

부(35, 요식업)는 성실하고 가부장적이다. 사업 때문에 내담자와 함께하는 시간이 많지 않다. 모(35, 요식업)는 차분하고 유순한 편이나 때때로 짜증과 화를 내며, 우울한 감정이 있다. 여동생(6)은 똑똑하고, 자기표현을 잘하며 내담자를 좋아하고 함께 놀기를 원하나 내담자는 자신을 귀찮게 한다며 싫어한다.

2. 의뢰 사유

◆ 또래와 관계형성이 어려움.

◆ 말과 행동이 과격함(감정을 잘 참지 못함).

◆ 피해의식이 많고, 또래나 동생, 엄마에게 짜증을 많이 냄.

3. 그림 진단

◆ KFD

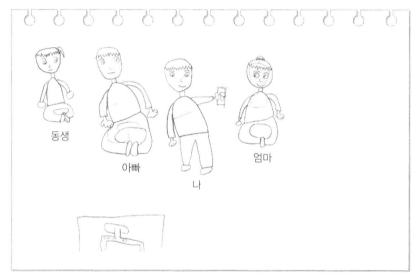

[그림 5]

◆ 진단

- 아빠와 아들(나)이 중심에 위치한 것으로 보아 남성 위주의 가정 분위기로 보이며, 엄마와 딸은 곁눈질 하는 것으로 보아 상호 의사소통이 원활하지 못한 것으로 생각됨.
- 가족 모두 앉아 있는 모습인데, 내담자만 서 있는 것으로 보아 내담자의 활동성이 돋보임.
- 그림이 위쪽으로 치우침으로 보아 욕구나 포부수준이 높고 달성하기 어려운 목표를 설정해 놓고 갈등과 스트레스를 느끼고 있을 가능성이 높음. 현실세계보다는 자신만의 공상 속에서 만족감을 얻으려는 경향성이 있음. 이러한 경향이 사회적 상황에 대한 지나친 무관심과 고립적 상황으로 연결됨.

- 아빠와 아들(내담자)의 몸이 기울어진 것으로 보아 불안정감, 고립감을 의미함.
- 가족 모두 귀가 생략된 것으로 보아 정서적 교류(서로 서로의 관심과 애정의 표현 등)가 전혀 이루어지지 않는 것으로 판단됨. 귀의 생략은 정서적 자극을 받아들이고 느끼고 자신의 감정을 표현하는 데 대해 불안하고 자신 없으며, 때문에 사회적 상황이나 감정교류 상황을 회피하고 위축되는 경향을 반영함.

◆ K-HTP

[그림 6]

◆ 진단
- 벽의 선이 허술한 것으로 보아 자기통제력이 매우 약화되어 있고 현실검증력이 불안정할 수 있음.
- 문보다 높은 창문의 위치로 보아 자신의 모습이 드러나는 것을 감추고 싶어 함을 의미하며 내적인 고립감과 위축감을 시사함.

- 집의 지면선이 생략된 것으로 보아 현실과의 접촉에 문제가 있을 가능성이 있음.
- 나무 기둥을 종이 밑면까지 그린 것으로 보아 자기 자신의 내적 자원을 통해 안정감을 얻지 못하고 무언가 외적인 자원을 통해 안정감을 얻고자 하는 욕구가 있으며, 좀 더 미숙하고 퇴행적이며 의존적인 성향을 반영함. 따라서 상당한 자기 부적절감과 우울함을 시사함.
- 나무 기둥의 굵기로 보아 생활력과 에너지는 충분하나, 나뭇가지 모양으로 보아 대인관계 상호작용에 대한 부적절감을 나타내고 있음.
- 물조리개로 보아 조절하려는 노력은 하고 있으나 내적으로 충족되지 않는 불만족과 주먹 쥔 손으로 보아, 화가 내재되어 있는 것으로 생각됨.
- 옆모습의 사람으로 보아 자신감이 부족한 것으로 생각됨.
- 가로선 하나의 입 모양으로 보아 타인과의 정서적 교류에서 무감각하고 냉정한 태도를 취함.

◆ DAP

[그림 7]　　　　　　　[그림 8]

- 여자의 입 모양으로 보아 대인관계 상호작용에서의 무기력감과 수동적인 태도를 나타냄.
- 팔이 약한 것으로 보아 스스로의 대처능력이나 상호작용 능력에 대한 부적절감과 행동에서의 억제 및 수동성을 나타냄.
- 두 팔의 크기가 차이가 나는 것으로 보아 세상과의 교류능력이나 대처능력에 대한 양가감정을 나타냄.
- 주먹 쥔 손으로 보아 교류나 통제, 대처와 관련된 부적절감과 무기력감을 가지며 이로 인한 내적인 분노감, 공격성이 있을 것으로 생각되며 조절되지 않은 행동을 보일 소지가 있음을 의미함.
- 구름과 새의 상징성과 '친구들이 놀고 있는 것을 보고 있다'로 표현한 내용으로 보아 '또래집단에 어울리지 못하는 답답함과 해결하고 싶은 욕구와의 갈등(경쟁적인 갈등으로 인한)에서 벗어나고 싶다'라는 마음을 나타내고 있음.
- 여자상의 속눈썹으로 보아 호기심이 많음.

4. 치료사의 소견 및 총 평가

◆ 내담자는 내적인 고립감과 위축감으로 인한 현실과의 접촉에 문제가 있는 것으로 사료됨. 이는 대인관계와 관련된 내담자의 주관적인 경험, 자기 혹은 자기 대상(母)이 환경과 상호작용할 수 있는 능력에 대해 스스로 느끼는 감정들과 관련되어 있는 것으로, 모의 영향과 가족체계의 문제(정서적 교류가 잘 안 됨)로 인한 환경적인 소인으로 보임. 아울러 현실과의 접촉문제로 인해 현실검증력이 불안정하고 자기통제력을 잃어버릴 수 있으므로 과격한 행동 및 충동성이 나타남. 따라서 내담자는 상호작용 기술과 위축감과 고립감에서 벗어날 수 있는 자존감 및 대인관계 기술 등의 향상을 목적으로 하는 미술치료 프로그램을 통한 20회 정도의 미술치료와 내담자의 내적 혼란스러움을

재정립할 수 있는 부모의 모델링 및 부모교육이 병행되어야 할 것으로 판단됨.

03 감정 기복이 심한 9세 남아 사례

1. 내담자의 가족사항 및 특징

◆ 나이(학년): 9세(초등 2년)

◆ 성별: 남

◆ 가족사항

부(36, 소방관)는 성실하고 책임감이 강하나, 직업적인 특성상 아이들과 함께할 시간이 부족하다. 모(34, 주부)는 활발하고 사교성이 좋으나 감정 조절이 잘되지 않아서 화가 나면 주체할 수 없어 아이를 때리고 폭언을 행한다. 여동생(7)은 귀여운 외모에 애교가 많고 내담자와는 자주 다툰다.

2. 의뢰 사유

◆ 감정 기복이 심함.

◆ 양보심과 배려심이 없음.

◆ 또래관계에 있어서 친해지는 방법을 모름.

◆ 손톱을 물어뜯음.

◆ 반항적임.

◆ 동생과 주위 애들을 잘 놀리고 괴롭힘.

◆ 주위가 산만함.

3. 그림 진단

◆ KFD

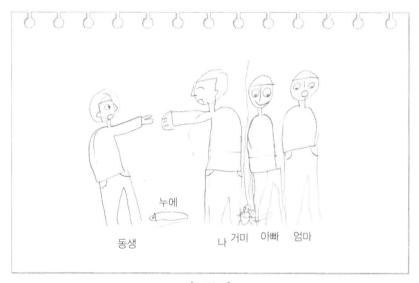

누에

동생   나 거미 아빠 엄마

[그림 9]

◆ 진단

- 가족 모두는 눈동자가 있으나 내담자 자신만 눈동자를 생략한 것으로 보아 감정교류소통의 채널을 좁혀 버린 것이며, 스스로 타인의 감정을 공유하고 자신의 감정을 표현하는 데 있어 어떤 제약이나 한계를 느끼고 있는 것으로 생각됨.
- 가족 모두 포켓을 강조한 것으로 보아 우울한 감정을 상징하고 있는 것으로 보임.
- 엄마, 아빠와 구분(선)을 한 것으로 보아 솔직한 애정표현이 허용되지 않고, 뿐만 아니라 내담자 자신도 내성적인 성격으로 상호작용이 원활하지 않은 가정으로 보임. 따라서 다른 가족 구성원으로부터 자신과 자신의 감정을 철회하고 분리시키려는 욕구를 표현함.

- 거미, 누에 등의 동물은 우울을 상징함. 특히 거미는 어머니 콤플렉스를 상징하므로 내담자의 우울 원인이 어머니와의 관계에서 생기는 문제로 유추됨.
- 동생과 가위바위보를 하고 있는 장면으로 보아 동생과의 갈등을 반영하고 있음.

◆ K-HTP

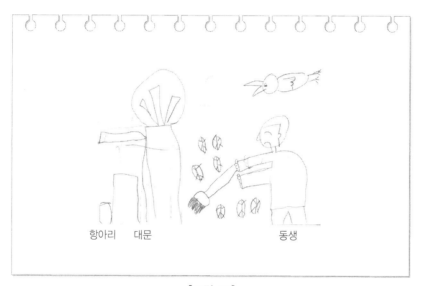

[그림 10]

◆ 진단
- 나무에서 잎이 떨어지고 있는 그림으로 보아 외계의 압력에 자아의 통제력을 상실하고 있는 것으로 생각됨.
- 빗자루의 상징으로 보아 청결을 요하는 대상(모)을 투사하고 있고, 그것을 수행할 수 있는 대상을 동생으로 지각하고 있는 것으로 생각됨 (비질을 하고 있는 사람이 동생이라고 하는 것으로 보아).
- 본인은 새로 비유된 것으로 생각되며 '새는 먹이를 찾는다' 라는

표현으로 보아 모의 애정욕구에 대한 불만족을 나타내는 것으로 생
각됨.

- 창문이 없는 것으로 보아 대인관계에 대한 주관적인 불편감과 대인관
계에서 다분히 위축되어 있음을 반영함.

- 벽의 선이 연결되지 않은 것으로 보아 자기통제력이 많이 약화되어
있고, 자아의 힘이 상당히 고갈되어 있음을 의미함. 따라서 현실검증
력이 불안정한 상태로 보임.

- 집의 지면선이 생략된 것으로 보아 현실과의 접촉에 문제가 있음을
나타냄.

- 집이 절단된 것으로 보아 생활공간으로부터 일탈하고 싶은 욕구와 사
회생활에 잘 적응하지 못함을 의미하고 있음.

- 나무 기둥을 종이 밑면까지 그린 경우로 보아 자신의 내적 자원을 통
해 안정감을 얻지 못하고 무언가 외적인 자원을 통해 안정감을 얻고
자 함. 그러므로 좀 더 미숙하고 퇴행적이며 의존적인 성향을 반영함.
이로 인해 상당한 자기 부적절감과 우울감을 나타냄.

- 나무 기둥이 휘어진 것으로 보아 내적 자아의 힘이 어떤 외적인 요인
에 의해 손상되거나 압박을 받고 있다는 느낌을 가지고 있는 것으로
사료됨.

◆ DAP

DAP ①

[그림 11]

DAP ②

[그림 12]

- 사람이 좌측으로 기울어짐과 옆모습으로 보아 자기 자신에 대해 반 긍정, 반 부정으로 우울한 감정을 나타내고 있는 것으로 보임.
- 어깨 생략으로 보아 스스로 책임지는 것에 대해 매우 자신 없어 하고 부적절감을 느끼며 책임지는 상황을 회피하고자 함.
- 옆모습에서 한쪽 팔만 그린 것으로 보아 세상 및 타인과 관계 맺고 대처해 나가는 데 있어서 양가감정과 부적절감을 느끼며 접근과 회피의 내적 갈등을 겪고 있는 것으로 생각됨.
- 손의 생략으로 보아 타인과 교류하고자 하는 소망과 이러한 교류를 제대로 해낼 수 없을 것 같은 불안감 간의 심한 내적 갈등을 시사함.
- 다리를 종이 밑면까지 그린 것으로 보아 내면의 불안정감이 심한 상태로 보임. 두 발이 생략된 것으로 보아 세상에 혼자 독립적으로 서는 것에 대한 심한 부적절감을 느끼고 있음과 현실지각의 왜곡이 있을

가능성도 보임.

4. 치료사의 소견 및 총 평가

◆ 상기한 내용으로 보아 내담자는 우울한 감정이 많은 것으로 생각되며 우울로 인한 현실검증력의 문제가 있고 내적 갈등 및 불안정한 심리상태에 있는 것으로 보임. 따라서 감정기복이 심하고 주위가 산만하고 반항적인 태도를 보인 것으로 사료됨. 자기존중감 및 우울감소를 위한 미술치료 프로그램으로 지속적인 미술치료가 요구될 뿐만 아니라 모자체계를 삽입하여 모자간의 문제점을 통찰할 수 있도록 모 역시 미술치료에 함께 참여할 필요가 있다고 생각됨.

04 틱 장애가 있는 불안한 마음을 가진 8세 여아 사례

1. 내담자의 가족사항 및 특징

◆ 나이(학년): 8세(초등 1년)

◆ 성별: 여

◆ 가족사항

부(49, 공무원)는 성실하고 책임감이 강하나 우유부단한 성격이며 내담자가 늦둥이로 태어나 매우 귀여워한다. 모(47, 주부)는 절실한 기독교 신자로 활동하며 몸이 허약하고 산후우울증이 있었으며 시댁과의 갈등으로 스트레스가 많다. 내담자와 정서교류가 부족하고 양육하는 것을 부담스러워 한다. 오빠(20, 대학생)는 기숙사 생활을 하고 있어서 집에 잘 없으며 모범적이고 성실하다. 내담자가 오빠를 좋아하고 잘 따르는 편이다.

2. 의뢰 사유

◆ 불안한 마음, 틱 장애(머리를 흔듦, 음성, 이를 부딪침)

◆ 소아정신과 진단(ADHD 성향)

◆ 모와의 분리불안

◆ 나쁜 사람에게 잡혀 갈 것에 대한 공포, 불안감

3. 그림 진단

◆ KFD

[그림 13]

◆ 진단

- 엄마와 오빠는 위쪽에 있고 아빠와 내담자는 아래쪽에 있으며 선으로 분리되어 있는 것으로 보아 내담자는 어머니와의 애정적 교류에 있어서 거리감이 있는 것으로 생각됨. 뿐만 아니라 아빠와도 정서적 거리가 있는 것으로 보임.

- 가족 모두 코가 생략된 것으로 보아 타인에게 어떻게 보일지에 매우 예민하고 두려워함을 의미함. 이로 인해 사회적 상황에서 회피적일 수도 있음.

- 한쪽 눈만 그린 것으로 보아 내담자는 감정을 교류함에 있어서 접근과 회피의 양가감정을 느끼고 있음.

- 내담자의 팔이 몸통에 딱 붙어 있는 것으로 보아 가정에서 많이 경직

되어 있음.
- 가족의 위치로 보아 가족 간의 상호작용 및 정서적 교류가 원활하지 않은 것으로 생각됨.
- 가족 모두 귀가 생략된 것으로 보아 정서적 자극을 받아들이고 느끼고 자신의 감정을 표현하는 데 대해 불안하고 자신 없으며 때문에 감정교류 상황을 회피하거나 위축되는 경향을 반영함.

◆ K-HTP

[그림 14]

◆ 진단
- 집이 절단된 것으로 보아 일탈 혹은 벗어나고 싶은 욕구가 있는 것으로 보임. 또래집단에서 잘 적응하지 못하는 경우도 해당됨.
- 창문이 없는 것으로 보아 대인관계에서의 위축감이 있는 것으로 생각됨.
- 벽의 선이 비스듬한 것으로 보아 자기통제력이 매우 약화되어 있고

현실검증력이 불안정함을 의미함.

- 벽돌이 정교한 것으로 보아 사소한 것에 대한 과도한 집착, 자기통제 감을 유지하려는 강박적, 완벽주의적 성격 경향을 나타냄.

- 지붕의 정교함은 강박적인 경향을 나타내며 강박적 방식을 통해 통제 하고자 하는 대상이 내적 공상과 관련된 불안감을 갖고 있음. 다시 말 하면, 내담자를 통제시키는 대상(모 또는 부)이 강박적 방식으로 대함 을 말하며 이로 인한 내담자의 내적 공상에서 불안을 야기시킨다고 보임.

- 집의 지면선 생략으로 보아 현실과의 접촉에 문제가 있음을 나타냄.

- 나무 기둥을 종이 밑면까지 그린 경우 자기 자신의 내적 자원을 통해 안정감을 얻지 못하고 무언가 외적인 자원을 통해 안정감을 얻고자 하는 욕구를 의미함. 따라서 미숙하고 퇴행적인 행동을 하려 하며 의 존적인 성향을 반영하기도 함. 이러한 자기 부적절감으로 인한 우울 한 감정을 시사하기도 함.

- 나무 뿌리의 생략으로 보아 현실 속에서의 자기 자신에 대한 불안정 감, 자신 없음을 나타냄.

- 나뭇가지의 단절로 보아 대인관계 기술의 부족으로 보임. 따라서 친 구관계에서 마음에 들지 않으면 단절해 버리는 경향이 있는 것으로 보임.

- 나무 기둥의 옹이(2개)로 보아 상당한 자아의 손상감과 상처를 유발했 던 외상적 사건이 있었음을 의미함.

◆ DAP

DAP ①

[그림 15]

DAP ②

[그림 16]

- 울고 있는 여자, 시무룩한 표정은 우울한 감정을 반영함.
- 옷의 세로줄(중앙선)로 보아 의존성이 있는 것으로 보임.
- 그림의 세분화 표현 및 전체성으로 보아 지적 발달은 빠른 편이나, 정서적 발달은 우울한 감정과 심리적 상처로 인해 퇴행적인 것으로 생각됨.
- 발 모양으로 보아 양가감정(갈등)이 있는 것으로 보임.
- 머리가 큰 것은 불완전한 느낌에 대한 보상적 공상으로 공격적인 감정을 나타냄.
- 목이 어깨와 붙어 있어 자연스럽지 못한 것으로 보아 충동통제 및 조절 능력이 약화되어 있으며 이로 인해 일상생활에서 부적절감을 느끼고 있을 가능성을 시사함.
- 어깨의 강조는 내담자에게 책임감을 지나치게 강요함에서 기인된 것

으로 생각됨.

4. 치료사의 소견 및 총 평가

◆ KFD, DAP의 그림에서 풀이 나타나는 것으로 보아 내담자에게는 에너지가 많으나 부모의 지나친 통제로 인해 자기통제력이 매우 약화되어 있고 현실검증력이 불안정한 상태임. 이로 인해 틱 현상이 나타나는 것으로 생각됨. 내담자에게는 지적 능력이 나이에 비해 앞서 있으나 정서적 능력에 다소 문제가 있어 상호작용 기술이 부족하고 또래집단 간의 부적응이 나타나는 것으로 보이며 심리적 상처로 인한 우울한 감정이 있는 것으로 생각됨. 따라서 공격성, 퇴행, 자기통제력 약화로 인한 과잉행동성이 나타날 수 있다고 보임. 내담자에게는 상호작용 기술 및 우울 완화, 심리적 상처로 인한 스트레스 증상 완화를 목적으로 하는 지속적인 미술치료가 필요하다고 생각됨.

05 신경질적인 성향을 가진 7세 여아 사례

1. 내담자의 가족사항 및 특징

◆ 나이(학년): 7세(유치원생)

◆ 성별: 여

◆ 가족사항

부(38, 학원 강사)는 성실한 편이고 다정다감하여 아이들과 잘 놀아 주지만 학원 일이 바빠서 가족과 함께하는 시간이 부족하다. 모(38, 주부)는 현실적이고 책임감이 강하나 애정적인 표현보다 설명 위주의 훈육이나 화를 많이 낸다. 내담자는 남동생(3)을 잘 돌보다가도 짜증이나 화를 잘 낸다.

2. 의뢰 사유

◆ 신경질적

◆ 친구와 부모에게 화를 잘 냄.

◆ 사소한 경우에도 잘 울고, 우울해 보임.

◆ 갇힌 공간에 대한 공포심

3. 그림 진단

◆ KFD

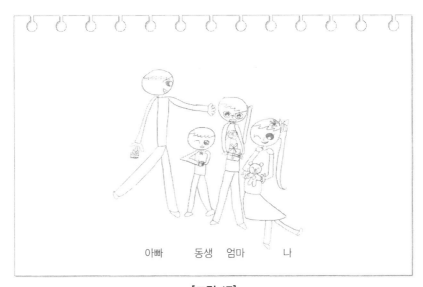

[그림 17]

◆ 진단

– 아빠의 옆모습으로 보아 아빠에 대해서는 반 부정, 반 긍정으로 지각
  되며 엄마는 선물포장의 상징성으로 보아 모와의 정서적 상호 교류가
  잘되지 않는 것으로 생각됨.

– 내담자의 발 모양으로 보아 불안정한 심리 상태이며 가족 모두 나열
  식으로 표현한 것으로 보아 가족 간의 정서적 상호작용이 원활하지
  않은 것으로 생각됨.

– 내담자는 가정 내에서 동생이 중심이 되어 있는 것으로 지각하고 있
  음.

◆ K-HTP

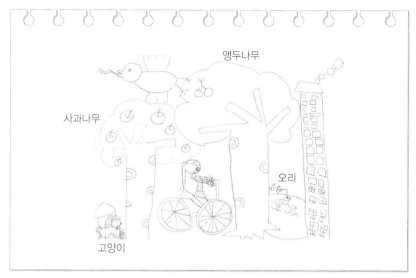

[그림 18]

◆ 진단

- 아파트라는 집의 형태로 보아 가정에서의 불만족과 타인에게 인정받고 싶고 보여 주고 싶은 욕구나 소망이 있는 것으로 보임.
- 집의 지면선을 생략한 것으로 보아 현실과의 접촉에 문제가 있음.
- 굴뚝의 연기는 가정 내의 불화, 가족 내에서의 정서적 긴장감을 반영함.
- 문 생략으로 보아 자기만의 세계에 고립되고 위축되어 있음.
- 나무 기둥을 종이 밑면까지 그린 것으로 보아 자신의 내적 자원을 통해 안정감을 얻지 못하고 무언가 외적인 자원을 통해 안정감을 얻고자 하는 욕구로 미숙하고 퇴행적이며 의존적인 성향을 반영함. 이로 인한 상당한 자기 부적절감, 이와 관련된 우울감을 시사하기도 함.
- 뿌리의 강조로 보아 불안정감, 두려움을 갖고 있음.
- 나무의 상흔이 마주 보게 있는 것으로 보아 상당한 자아 손상감과 상

처를 유발했던 외상적 사건이 있었음을 의미함.
- 눈을 진하게 그린 것으로 보아 감정적 교류에 있어서 불안감과 긴장
감을 느끼고 있거나 타인과의 상호작용에서의 의심이나 방어적인 태
도, 편집증적인 경향성이 있음.
- 발의 생략으로 보아 불안정, 불안 심리, 즉 세상에 혼자 독립적으로
서는 것에 대한 심한 부적절감을 느끼고 있으며, 이는 모가 화로 인해
일시적인 방임을 했거나, 혼자 스스로 하도록 기회를 제공하는 것이
내담자에게는 방임으로 지각되었을 수도 있음.
- 새가 지렁이를 잡아먹고 고양이가 생선을 먹는 그림으로 보아 잡아먹
고 잡아먹히는 상황을 묘사하는 것으로 우울한 감정을 나타내며 우울
로 인한 화도 내재되어 있는 것으로 유추됨.

◆ DAP

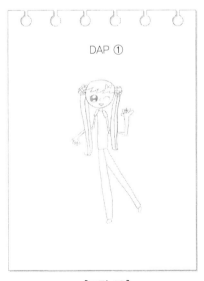

[그림 19]

[그림 20]

- 여성을 먼저 그린 것으로 보아 내담자의 성역할이 잘 발달되어 있고,
  발달 단계로 보아서는 만 6세보다 앞서 있는 상태임. 그림의 표현으
  로 보아 내담자는 창의성, 호기심, 에너지가 많아 상상력과 활동성의
  자원은 풍부하지만 머리의 장식모양으로 보아 자존감이 손상되어 있
  는 것으로 보이며 발의 불균형은 불안 심리를 나타내고 있음.
- 한쪽 눈 생략으로 보아 감정교류에 있어서 접근과 회피의 양가감정을
  느끼고 있음.
- 귀의 생략은 정서적 자극을 받아들이고 느끼고 자신의 감정을 표현하
  는 데 불안하고 자신이 없으며, 때문에 사회적 상황이나 감정교류 상
  황을 회피하고 위축되는 경향을 반영함.
- 손을 아주 크게 그린 것으로 보아 과잉행동성이나 주장성을 통해 환
  경을 통제하고 대처하는 자신의 능력에 대한 부적절감을 과잉 보상하
  고자 함.
- 몸이 긴 것으로 보아 지나친 행동성을 보임으로써 스스로의 내적 힘
  이 부족하다는 느낌을 과잉 보상하려 함.
- 다리가 긴 것은 과잉행동성 혹은 과잉 추구적인 행동을 통해 현실대
  처능력과 관련된 부적절감을 과잉 보상하려는 욕구가 있음을 나타냄.

4. 치료사의 소견 및 총 평가

◆ 상기한 내용으로 보아 내담자는 심리적 외상의 경험이 있는 것으로
  보이며 이로 인해 우울과 불안 심리가 있고 자존감이 매우 낮음. 낮은
  자존감의 보상 심리로 인한 과잉행동성과 우울로 인한 화가 있는 것
  으로 판단됨. 먼저 자존감 향상과 심리적 외상 경험을 다스려 우울한
  감정을 완화하는 미술치료 프로그램으로 20회 이상의 회기가 필요하
  다고 생각됨.

06 또래관계에서 위축감을 가진 8세 남아 사례

1. 내담자의 가족사항 및 특징

◆ 나이(학년): 8세(초등 1년)

◆ 성별: 남

◆ 가족사항

부(39, 증권회사)는 엄격하고 다혈질적으로 감정 기복이 심하여 내담자가 무서워하는 편이다. 모(38, 주부)는 자기주장이 강한 편이고 엄격하게 훈육한다. 누나(11, 초등 4년)는 공부를 잘하고 온화한 편이며 또래와의 관계도 원만하다. 내담자와도 원만한 관계이다.

2. 의뢰 사유

◆ 또래관계에서의 위축감

◆ 따돌림을 받는 경향이 있어 담임선생님 권유로 의뢰함.

3. 그림 진단

◆ KFD

[그림 21]

◆ 진단
- 모서리에 위치한 태양의 모양으로 보아 부의 애정이 멀어진다고 내담
  자는 지각하고 있음.
- 가족을 나열식으로 나타내는 것으로 보아 가족 간의 정서적 상호작용
  이 원활하지 못한 것으로 생각됨.
- 구름으로 보아 경쟁적인 갈등으로 인한 답답함이 있는 것으로 보임.
- 맨 앞에 모, 누나, 부, 나 순서로 그린 모와 내담자의 위치로 보아 내
  담자는 모와 정서적 거리감을 느끼는 것으로 유추됨.
- 아파트라는 특수한 집을 그린 것으로 보아 가정 내에서의 불만족스러
  움을 반영함.

◆ K–HTP

[그림 22]

◆ 진단

- 집의 기울어짐으로 보아 불안정하며 문보다 높은 창문의 위치로 보아 내적인 고립감과 위축감이 있는 것으로 생각됨.
- 벽의 선이 기울어진 것으로 보아 자아강도가 약화되어 있고 자기통제력이 취약해져 있음.
- 나무 기둥을 좁고 약하게 그린 것으로 보아 자기 자신에 대해 위축되어 약하게 느끼고 무력해 있음.
- 나뭇가지가 뾰족한 것으로 보아 사회적으로 위축감, 불안감을 갖고 있거나 이로 인한 적대감, 공격성이 내재되어 있는 것으로 사료됨.
- 수관과 떨어져 있는 나뭇가지로 보아 퇴행 경향성, 장소에 어울리지 않는 엉뚱한 일을 행할 가능성이 있음.
- 가지가 축 처져 있는 것으로 보아 우울감, 무기력감을 의미하며 아울러 사회적 상호작용 능력이 매우 억제되어 있음.

- 눈을 점으로 표현한 것으로 보아 감정교류 소통의 채널을 좁혀 버린 것으로 보이며 스스로 타인의 감정을 공유하고 자신의 감정을 표현하는 데 있어 어떤 제약이나 스스로의 한계를 느끼고 있음.
- 코의 생략으로 보아 자신이 타인에게 어떻게 보일지에 매우 예민하고 두려워함을 의미하며 이로 인해 사회적 상황에서 위축되고 지나치게 회피적임.

◆ DAP

DAP ①

[그림 23]

DAP ②

[그림 24]

◆ 진단
- 머리가 큰 것으로 보아 무의식적으로 지적인 것을 열망하고 공상에 의해 만족감을 느끼는 것으로 생각됨.
- 사람 크기가 용지의 1/2 이하로 작은 것으로 보아 위축감, 자아약소, 자신감 부족으로 생각됨.
- 두 발이 서로 정반대 방향인 것은 성격적으로 우유부단하고 자신 없

어 하는 것을 나타냄.

- 두 발을 벌린 자세는 반항적 자세를 취함으로써 내면의 불안정감을 과잉 보상하려 하는 것을 나타냄.

- 주먹 쥔 손으로 보아 상호 교류나 통제, 대처와 관련된 부적절감과 무력감을 나타냄.

- 귀의 생략으로 보아 정서적 자극을 받아들이고 느끼고 자신의 감정을 표현하는 데 대해 불안하고 자신이 없으며, 때문에 사회적 상황이나 감정교류 상황을 회피하고 위축되는 경향을 반영함.

- 목 생략으로 보아 인지적 활동이나 신체적 반응에 대한 통제력 모두가 약화되어 신체적 행동의 통합이나 조절이 부족한 상태. 이로 인해 일상생활에서 부적절감을 느끼고 있을 가능성을 시사함.

- 몸통이 가늘고 긴 것은 스스로의 부적절감으로 인해 대인관계에서 위축되어 있음을 나타냄.

4. 치료사의 소견 및 총 평가

◆ 상기한 내용으로 보아 내담자는 정서적 교류, 대인관계에서의 상호작용에 문제가 있는 것으로 생각되며 이는 가족관계에서 내담자의 눈높이에 맞는 정서적 교류가 원활하지 못함에서 기인된 것으로 생각됨. 따라서 내담자는 타인의 감정을 공유하고 자신의 감정을 표현하는 데 있어 어떤 제약이나 스스로의 한계를 느끼고 있고 아울러 사회적 상호작용능력이 매우 억제되어 있음. 상호 교류나 통제, 대처와 관련된 부적절감과 무력감이 위축감으로 나타나 내면의 불안정감을 과잉 보상하려 하거나 상황에 맞지 않은 엉뚱한 행동을 취할 가능성이 보임. 특히 자기통제력이 약화되어 자기중심적이거나 충동적인 행동이 나타날 수도 있음. 따라서 정서적 교류를 통한 상호작용 기술과 자기존중감 향상을 위한 지속적인 미술치료가 필요하다고 생각됨.

07 퇴행적 행동을 하는 8세 여아 사례

1. 내담자의 가족사항 및 특징

◆ 나이(학년): 8세(초등 1년)
◆ 성별: 여
◆ 가족사항

부(36, 회사원)는 말수가 적고 소극적인 성향이나 책임감이 강하고 성실한 성격이다. 내담자는 아빠가 화가 날 때 매우 무서워한다. 모(36, 유치원 교사)는 아이들의 양육에 신경을 많이 쓰고 완벽주의적 성향을 가졌다. 내담자의 행동이나 소극적인 표현에 대해 지적을 많이 하고 화를 자주 내는 편이다. 여동생(4)이 있으나 부모님의 사랑을 여동생에게 빼앗긴다고 생각하여 여동생을 미워하고 없어졌으면 좋겠다는 말을 자주 한다.

2. 의뢰 사유

◆ 동생에 대한 스트레스가 많음.
◆ 고집을 부리거나 애기행동(퇴행)을 함.
◆ 자신의 감정이나 생각을 표현하지 않거나 소극적으로 함.

3. 그림 진단

◆ KFD

[그림 25]

◆ 진단

- TV를 보는 내담자는 가장 아래쪽에 위치함과 회전된 인물상으로 보아 가족에 대한 인식기능이 상실되었거나 다른 가족 구성원으로부터 거절, 분리감정을 느끼는 것으로 나타남. 또한 강한 불안과 정서통제가 되지 않을 수 있음.
- 짐을 리어카에 싣고 있는 아빠와 맞은편의 엄마와의 거리나 위치로 보아 부모가 대립적(힘겨루기)인 상태로 보임.
- 코 생략으로 보아 자신이 타인에게 어떻게 보일지 매우 예민하고 두려워함. 이로 인해 사회적 상황에서 위축되고 지나치게 회피적인 것으로 생각됨.
- 가족들의 위치로 보아 가족 간의 애정교류 및 의사소통이 원활하지

않은 것으로 보임.

◆ K-HTP

[그림 26]

◆ 진단

- 집이 절단된 것으로 보아 생활공간으로부터 일탈과 사회생활에 잘 적
  응하지 못하고 있는 것으로 생각됨.
- 문의 손잡이(여성성 상징)가 까맣게 된 것으로 보아 모에 대한 스트레
  스나 불안을 느끼는 것으로 유추됨.
- 창문의 생략으로 보아 대인관계에서 다분히 위축되어 있음.
- 집을 2차원적으로 그린 것으로 보아 남에게 보여지는 자신의 부분에
  대해 통제하고자 하며 자신에 대해 제한되고 피상적인 부분만 드러내
  고자 하는 욕구가 있음.
- 집의 지면선이 생략된 것으로 보아 현실과의 접촉에 문제가 있는 것
  으로 사료됨.

- 나무의 우측이 절단된 것으로 보아 미래로 도피하려는 욕구가 있고 자신의 감정을 솔직하게 표현하거나 경험하는 것을 두려워하며 행동에 관한 강한 통제를 보일 때가 많을 것으로 생각됨.
- 나무 기둥을 종이 밑면까지 그린 경우 자기 자신의 내적 자원을 통해 안정감을 얻지 못하고 무언가 외적인 자원을 통해 안정감을 얻고자 함. 그러므로 좀 더 미숙하고 퇴행적이며 이와 관련된 우울한 감정을 가질 수 있음.
- 나무의 뿌리가 없는 것으로 보아 현실 속에서의 자기 자신에 대한 불안정감이나 자신이 없음을 나타냄.

◆ DAP

[그림 27]

[그림 28]

◆ 진단
- 머리와 몸통이 그대로 연결되어 목이 없는 것처럼 그린 것으로 보아

충동통제 및 조절 능력이 악화되어 있으며 이로 인해 일상생활에서
부적절감을 느끼고 있을 가능성이 높음. 뿐만 아니라 스스로 책임을
지는 것에 대해 매우 자신 없어 하고, 부적절감을 느끼며 책임지는 상
황을 회피하고자 함.
- 귀의 생략으로 보아 정서적 자극을 받아들이고 느끼고 자신의 감정을
표현하는 데 대해 불안하고 자신이 없으며, 때문에 사회적 상황이나
감정교류 상황을 회피하고 위축되는 경향이 있어 보임.
- 눈동자의 생략은 감정교류 소통의 채널을 좁혀 버린 것으로, 스스로
타인의 감정을 공유하고 자신의 감정을 표현하는 데 있어 어떤 제약
이나 스스로 한계를 느끼고 있는 것으로 생각됨.
- 사람의 크기가 작은 것으로 보아 열등감을 갖고 있는 것으로 생각됨.
- 속눈썹을 그린 것으로 보아 타인과 정서적으로 교류하는 것에 과민해
져 있거나 집착하는 경향성을 반영할 수 있음.

4. 치료사의 소견 및 총 평가

◆ 상기한 내용으로 보아 내담자는 가족 간의 애정교류 및 의사소통이
원활하지 않음으로 인하여 정서적 자극을 받아들이고 느끼고 자신의
감정을 표현하는 데 대해 불안해하며 자신 없어 하고 사회적 상황이
나 감정교류 상황을 회피하고 위축되는 경향이 있음. 뿐만 아니라 자
신의 감정을 솔직하게 표현하는 것이나 경험하는 것을 두려워하며
행동에 관한 강한 통제를 보일 때가 많음. 또한 내적 자원을 통해 안
정감을 얻지 못하고 외적인 자원(부모나 타인의 지지나 격려)을 통해 안
정감을 얻고자 하므로 좀 더 미숙하고 퇴행적이며 이와 관련된 우울
한 감정도 있음. 따라서 내담자는 열등감과 위축감으로 현실과의 접
촉에 문제가 있는 것으로 생각됨. 아울러 내담자에게는 자존감(자신
감) 향상을 위한 지속적인 미술치료가 필요하다고 생각됨.

08 집중력과 자신감이 없는 9세 남아 사례

1. 내담자의 가족사항 및 특징

◆ 나이(학년): 9세(초등 2년)

◆ 성별: 남

◆ 가족사항

부(40, 회사원)는 말이 없고 권위적이다. 모(자영업)는 내담자의 욕구나 감정을 헤아려 주기보다 어른의 시각에서 강압적인 태도로 훈육하고 여동생(7)이 있다.

2. 의뢰 사유

◆ 집중력, 자신감 없음.

◆ 매사에 생각 없이 행동하는 모습

◆ 질문에 예/아니오 단답형 대답

◆ 매일 귀신 꿈을 꾸며 정서적으로 불안정함.

3. 그림 진단

◆ KFD

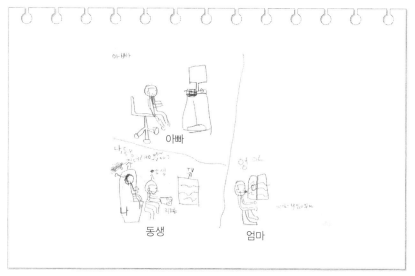

[그림 29]

◆ 진단

- 가족을 구획하여 그린 것으로 보아 솔직한 애정표현이 허용되지 않는 가정이거나 내성적인 내담자이며 부모님과의 감정을 철회하고 분리시키려는 욕구를 표현함.

- 부모 모두 책상, 의자로 포위한 것으로 보아 부모님도 의사소통이 원활해 보이지 않으며 부의 위치로 보아 권위적이거나 보수적임. 또한 내담자와의 원활한 의사소통이 이루어지지 않는 것으로 생각됨.

- 내담자가 침대에 있는 것으로 보아 성적 우울을 시사하기도 함(이 시기의 성적 우울은 성의 발달이거나 성에 대한 호기심의 에너지 불균형일 수 있음).

◆ K-HTP

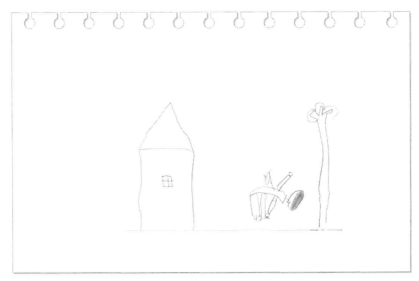

[그림 30]

◆ 진단

– 문을 생략한 것으로 보아 다른 사람이 자기 자신의 삶, 세계 안에 들어오는 것에 대해서, 또 자기 스스로 세상 속으로 나아가는 것에 대해서 불안감 혹은 저항감을 느끼며 자기만의 세계에 고립되고 위축되어 있음을 의미함.

– 벽의 선이 비뚤어진 것으로 보아 자기통제력이 매우 약화되어 있고 현실검증력이 불안정한 상태임.

– 집의 지면선이 생략된 것으로 보아 현실과의 접촉에 문제가 있는 것으로 생각됨.

– 나무 기둥이 좁고 약한 것으로 보아 자기 자신을 위축되고 약하게 느끼고 무력해져 있음.

– 나무 기둥을 종이 밑면까지 그린 것으로 보아 자기 자신의 내적 자원을 통해 안정감을 얻지 못하고 외적인 자원을 통해 안정감을 얻고자

하는 욕구가 있으며, 좀 더 미숙하고 퇴행적이며 의존적인 성향을 반
영함. 이로 인한 상당한 자기 부적절감과 우울감을 갖고 있는 것으로
유추됨.

– 나뭇가지의 모양으로 보아 대인관계 상호작용에도 부적절감을 가질
수 있음.

– 엎드린 사람을 그린 것은 자신에 대한 부정적인 생각들을 많이 갖고
있음을 나타내며 얼굴의 요소가 생략됨으로 보아 자존감이 매우 낮은
것으로 생각됨.

– 주먹 쥔 손으로 보아 화, 분노가 내재되어 있는 것으로 보임.

◆ DAP

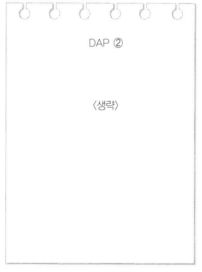

[그림 31]

◆ 진단
– 귀의 생략으로 보아 정서적 자극을 받아들이고 느끼고 자신의 감정을

표현하는 데 대해 불안하고 자신이 없으며 때문에 사회적 상황이나 감정교류 상황을 회피하고 위축되는 경향을 반영함.

- 눈을 가느다란 선으로 표현한 경우 감정교류 소통의 채널을 좁혀 버린 것으로 스스로 타인의 감정을 공유하고 자신의 감정을 표현하는 데 있어 어떤 제약이나 스스로의 한계를 느끼고 있음을 나타냄.
- 목이 굵은 것으로 보아 심신 통합, 즉 자신의 행동이나 생각을 통제하는 것에 너무 집착할 가능성을 보이며 때문에 경직되고 융통성 없이 억제적이고 완고한 행동을 보일 소지가 높음을 의미함.
- 어깨의 모양으로 보아 스스로 책임지는 것에 대해 매우 자신 없어 하고 부적절감을 느끼며 책임지는 상황을 회피하고자 함. 또는 책임이라는 부담을 지는 것과 관련된 우울감을 나타낼 수도 있음.
- 사람이 기울어짐으로 보아 불안한 심리 상태를 나타냄.
- 여자상 생략으로 보아 모나 여동생에 대한 거부 감정을 가진 것으로 유추됨.

4. 치료사의 소견 및 총 평가

◆ 상기한 내용으로 보아 내담자는 위축감과 매우 낮은 자존감으로 인해 우울한 감정을 나타내고 있음. 이러한 감정은 가족 간의 정서적 교류가 원활하지 못함에서 기인된 것으로 생각됨. 뿐만 아니라 가족 중 누군가가 심하게 꾸중 듣는 것을 옆에서 지켜보는 것이 내담자에게는 큰 상처가 될 수도 있음. 이러한 감정들을 부모님들이 그때그때 풀어 주지 못함에서 오는, 자기만의 세계에 고립되고 위축됨이 나타남. 이 상황이 반복됨으로 불안 심리가 가중되어 자기통제력이 매우 약화되고 현실검증력이 불안정한 상태가 됨. 따라서 내담자에게는 상호작용을 통해 원활한 감정적 교류가 되도록 하여 우울한 감정을 해소하고 위축감과 자존감 회복을 위한 미술치료가 필요하다고 생각됨.

09 정신적 외상을 가진 7세 남아 사례

1. 내담자의 가족사항 및 특징

◆ 나이(학년): 7세(유치원생)

◆ 성별: 남

◆ 가족사항

부(43, 자영업)는 큰 사업을 하고 있으며 매사에 성실하고 유능하다. 내담자가 늦둥이로 귀여워하나 바빠서 함께하는 시간이 적다. 모(41, 주부)는 쾌활하고 정이 많으며 적극적인 성격이다. 내담자가 원하는 것은 거의 다 들어주고 다소 밀착되어 있는 관계이다. 누나(18, 고등 2년)는 예능에 소질이 있으며 명랑한 성격이다. 형(15, 중등 2년)이 교통사고로 사망한 후부터 가족 모두가 심리적 외상을 입고 슬픔에 빠져 있다.

2. 의뢰 사유

◆ 교통사고로 중학생 형 사망(정신적 외상)

◆ 작은 목소리의 위축된 모습

◆ 어머니와의 분리불안

◆ 수면장애(악몽)

◆ 감정표현이 제한적임(슬픔에 대해 억제함).

3. 그림 진단

◆ KFD

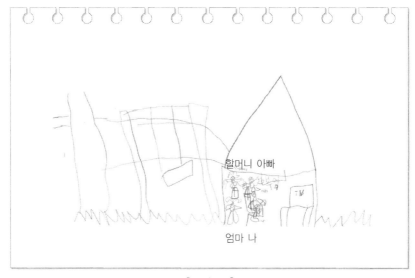

[그림 32]

◆ 진단

- 의자에 앉은 내담자로 보아 의자로 자신을 포위하고 있으며 이것으로
  보아 불안감이 있는 것으로 생각되며 가족들이 한곳에 응집되어 있는
  것 또한 불안 심리가 있는 것으로 보임.

- 누나를 생략한 것으로 보아 누나를 가족으로서 지각하고 싶지 않는
  것으로 보임.

- 그림의 위치(아래쪽에 치우쳐 그림)로 보아 내면의 상당한 불안정감과
  부적절감이 내면화되어 있거나, 혹은 우울증 상태에 있는 것으로 생
  각됨.

- 가족의 크기가 매우 작은 것은 가족들 모두 심리적 외상으로 인해 위
  축되어 있음을 나타냄.

- 형은 미국에 갔다며 그리지 않은 것으로 보아 형의 죽음을 아직 인지
  하지 못하고 있는 것으로 유추됨.

◆ K-HTP

[그림 33]

◆ 진단
- 집이 기울어진 것으로 보아 가정 내에 상당한 불안정감이 있는 것으
  로 보임.
- 문의 생략으로 보아 다른 사람이 자기 자신의 삶, 세계 안에 들어오는
  것에 대해서, 또 자기 스스로 세상 속으로 나아가는 것에 대해서 불안
  감 혹은 저항감을 느끼며 자기만의 세계에 고립되고 위축되어 있는
  것으로 사료됨.
- 그네를 그린 것으로 보아 불안 심리가 있는 것으로 보임.
- 나무 기둥을 종이 밑면까지 그리는 것으로 보아 자기 자신의 내적 자
  원을 통해 안정감을 얻지 못하고 무언가 외적인 자원을 통해 안정감

을 얻고자 하는 욕구가 있으며 자기 부적절감과 우울감이 있음.

– 나무를 베는 사람(도끼)으로 보아 아버지상이 투사된 것이며 아버지
와의 관계에서의 단절감, 거세불안, 억압된 분노, 손상된 감정 등을
시사함.

◆ DAP

[그림 34]

[그림 35]

◆ 진단

– 두 발을 생략한 것으로 보아 세상에 혼자 독립적으로 서는 것에 대한
심한 부적절감을 느끼고 있으며 현실지각의 왜곡이 있을 가능성이
보임.

– 다리가 길고 종이 밑면까지 그리는 것으로 보아 내면의 불안정감이
심한 것으로 생각됨.

– 두 팔의 크기가 다른 것으로 보아 세상과의 교류능력이나 대처능력에

대한 양가감정이 있는 것으로 보임.

- 눈의 모양으로 보아 감정교류 소통의 채널을 좁혀 버린 것으로 스스로 타인의 감정을 공유하고 자신의 감정을 표현하는 데 있어 어떤 제약이나 스스로 한계를 느끼고 있는 것으로 생각됨.

- 귀의 생략으로 보아 정서적 자극을 받아들이고 느끼고 자신의 감정을 표현하는 데 대해 불안하고 자신 없으며, 때문에 사회적 상황이나 감정교류 상황을 회피하고 위축되는 경향을 반영함.

- 손의 크기로 보아 과잉행동성의 우려가 보임.

4. 치료사의 소견 및 총 평가

◆ 상기한 내용으로 보아 내담자는 매우 심한 불안과 위축감과 우울감이 있으며 이는 사고(모의 졸음운전으로 차에 누나, 형, 내담자가 타고 있다가 형의 죽음을 목격한 상태임)로 인한 것으로 생각됨. 특히 아버지와의 관계에서 단절감, 거세불안, 억압된 분노, 손상된 감정 등이 나타나는 것으로 보아 가족체계의 안정성이 시급히 요구되며, 가족 모두가 정신적 외상을 경험한 상태이므로 가족미술치료와 함께 내담자의 개인치료도 필요하며, 평소 큰아들에게만 관심을 많이 보였던 부와의 관계 회복과 내담자의 불안 감소와 애정교류(상호작용)를 잘할 수 있는 지속적인 미술치료가 필요하다고 판단됨.

10 감정 조절이 어려운 8세 남아 사례

1. 내담자의 가족사항 및 특징

◆ 나이(학년): 8세(초등 1년)

◆ 성별: 남

◆ 가족사항

부(47, 회사원), 모(42, 주부), 큰누나(11, 초등 4년), 작은누나(9, 초등 2년), 내담자로 이루어져 있다. 내담자는 작은누나와 밀착되어 있으면서 갈등적이기도 하다.

2. 의뢰 사유

◆ 지나치게 고집이 셈.

◆ 감정 조절 어려움.

◆ 화가 나면 공격적임: 물건 던지기, 때리기

◆ 또래와의 원만하지 못한 관계

3. 그림 진단

◆ KFD

[그림 36]

◆ 진단

- 가족을 일렬로 나열한 것으로 보아 정서적 교류 및 상호작용이 잘되지 않는 것으로 보임.
- 모의 위치가 상단에 있음으로 보아 가족 내에서 리더로서의 역할을 하나 침체성과 폐쇄적인 태도를 나타내는 것으로 생각됨.
- 모와 내담자의 목이 굵은 것으로 보아 자신의 행동이나 생각을 통제하는 것에 너무 집착할 가능성을 시사하며, 때문에 경직되고 융통성 없이 억제적이고 완고한 행동을 보일 소지가 높은 것으로 보임.
- 가정의 중심은 아빠와 큰누나로 지각되며 가족 모두 같은 장소에 앉아 있는 모습으로 보아 지나친 통제가 있는 것으로 생각됨.
- 모를 제외하고 헤 벌리고 있는 입 모양으로 보아 가족 모두 욕구불만

이 많은 것으로 사료됨.

◆ K-HTP

사과

부채

나

친구

[그림 37]

◆ 진단
- 집이 반쯤 절단된 것으로 보아 생활공간으로부터의 일탈과 사회생활,
즉 학교생활에 잘 적응하지 못함을 의미함.
- 창문보다 낮은 대문의 위치로 보아 내적인 고립감과 위축감이 있음.
- 집의 지면선이 생략된 것으로 보아 현실과의 접촉에 문제가 있음.
- 격자창문으로 보아 집에서의 생활에 답답함과 숨막힘을 느낌.
- 쪽문으로 보아 세상과의 관계 맺음에 대한 양가감정이 있는 것으로
생각됨.
- 벽의 선이 비스듬한 것으로 보아 자기통제력이 매우 약화되어 있고,
현실검증력이 불안정할 수 있음.
- 지붕의 빗금으로 보아 집착성이 있음.

- 나무 기둥을 지나치게 높게 그린 경우 실제로는 내적 성격구조가 약하고 자아강도가 부족하면서도 이로 인한 불안감을 과잉 보상하고자 시도함.

- 마주 보고 있는 옹이로 보아 자아의 손상감과 상처를 유발했던 외상적 사건이 있었음을 의미함.

- 나무 기둥을 종이 밑면까지 그린 경우 자기 자신의 내적 자원을 통해 안정감을 얻지 못하고 무언가 외적인 자원을 통해 안정감을 얻고자 하는 경우를 의미하며, 따라서 미숙하고 퇴행적이며 의존적인 성향을 반영함. 상당한 자기 부적절감과 이와 관련된 우울함을 시사함.

- 나뭇가지가 큰 편으로 보아 성취동기나 포부수준이 매우 높거나 혹은 환경과의 상호작용에서 자신이 없고 불안하지만 이를 과잉 보상하려고 함. 실제로도 과잉행동적인 모습을 보일 수 있음.

- 나무 위가 절단된 것으로 보아 행동하기보다는 사고하는 것에 관심이 높고 지적인 면에 대한 성취욕구가 강하며 현실생활에서 얻을 수 없는 만족을 구하고 있음.

- 사과 열매로 보아 엄마로부터 인정받고자 하는 애정욕구가 강함.

- 나뭇가지 끝이 날카로운 것으로 보아 내면의 적대감이나 공격성이 내재되어 있음.

- 구름으로 보아 경쟁적인 갈등으로 인하여 답답해하고 있음.

- 사람이 땀을 흘리고 있는 것으로 보아 현재 내담자는 인위적으로 통제됨에 매우 힘들어하고 있음.

◆ DAP

[그림 38]

[그림 39]

◆ 진단

- 남자상의 발차기 모습으로 보아 반항적 자세를 취함으로서 내면의 불안정감을 과잉 보상하려 함.
- 인물하선으로 보아 불안과 스트레스가 있는 것으로 보임.
- 음영 처리한 것으로 보아 불안한 것으로 생각됨.
- 맨발을 나타낸 것은 환경에 대한 거부적인 행동을 보이거나 과시적이고 비순응적인 태도를 시사함.
- 주먹 쥔 손으로 보아 화, 공격성이 있는 것으로 보임.
- 귀의 생략으로 보아 정서적 자극을 받아들이고 느끼고 자신의 감정을 표현하는 데 대해 불안하고 자신 없으며 사회적 상황이나 감정교류 상황을 회피하고 위축되는 경향이 있음.
- 여자상의 구두 굽으로 보아 불안, 긴장감이 있는 것으로 생각됨.

4. 치료사의 소견 및 총 평가

◆ 내담자에게는 불안과 우울함이 있으며, 부모와 상호작용을 통하여
  자연스러운 대인관계 기술을 습득하고 학습하도록 해야 하나, 모가
  자신의 우울함으로 인해 지나친 통제의 훈육으로만 내담자를 대하기
  때문에 내담자는 모의 사랑과 인정을 받기 위해 온갖 힘을 다하지만
  그것이 오히려 역기능적이 되어 매와 통제로 반복적인 상황이 되고,
  따라서 내담자도 자기통제력을 잃어버려 과잉행동 및 고집스러움,
  저항적인 행동이 나타나는 것이라고 판단됨.
  모와의 상호작용 기법인 모자체계 미술치료를 통한 내담자를 인정하
  고 수용하는 자세로 정서적 교류를 함으로써 내담자의 내적 자기통
  제력을 되찾을 수 있는 미술치료를 진행할 필요가 있다고 생각됨.

11 충동적인 행동을 하는 9세 여아 사례

1. 내담자의 가족사항 및 특징

◆ 나이(학년): 9세(초등 2년)

◆ 성별: 여

◆ 가족사항

부(35, 자영업)는 매우 소극적이고 대인관계가 원만하지 못하고 내담자는 아빠를 7세 때 크게 혼난 이후로 무서워한다. 모(35, 자영업)는 쾌활하고 밝은 성격이나 내담자에게 화를 내고 신경질적이며 때때로 폭력적이기도 하고 내담자와 갈등관계이다. 여동생1(7, 유치원생)은 똑똑하고 눈치가 빠르다. 내담자가 동생에게 위축될 때가 있다. 여동생2(2)는 내담자가 잘 돌봐 주다가도 위험스러운 행동(손을 잡고 빨리 달리거나 심한 장난을 치는 것)을 한다.

2. 의뢰 사유

◆ 집중력이 짧고 산만함.

◆ 충동적인 행동

◆ 친구관계에서 매우 소극적이고 수동적임.

◆ 언어적인 표현이 부정확함(혼잣말).

◆ 동생들에게 신경질적임.

3. 그림 진단

◆ KFD

[그림 40]

◆ 진단
- 모를 제일 앞에 내세운 가족의 위치로 보아 가정 내에서 모의 역할이
  큰 것으로 보이며, 끝에 있는 내담자와는 먼 거리에 위치한 것으로 보
  아 모와 내담자의 정서적 교류가 원활하지 못한 것으로 생각됨. 특히
  우측 하단 구석에 내담자가 있는 것으로 보아 내담자는 가족 간의 소
  외감을 갖고 있는 것으로 보임.
- 일렬로 선 가족으로 보아 가족 모두 상호작용 및 정서적 교류가 원활
  하지 못한 것으로 보임.

◆ K-HTP

[그림 41]

◆ 진단

- 빗금 친 지붕으로 보아 집착적인 성향, 불안감이 있는 것으로 보임.

- 태양의 모양으로 보아 강한 애정욕구 및 이에 대한 좌절감을 가진 것 으로 생각됨.

- 필압이 강한 것으로 보아 자기 자신의 성격구조에 대한 위협에 지나 치게 방어하려는 경향, 때로는 자아가 혼란스러워지는 것에 대한 두 려움과 이에 대한 방어적 경향이 있는 것으로 생각됨.

- 나무 기둥이 기울어진 것으로 보아 내적 자아의 힘이 어떤 외적인 요 인에 의해 손상되거나 압박을 받고 있다는 느낌을 가지고 있음.

- 뿌리 생략으로 보아 현실 속에서의 자기 자신에 대한 불안정감, 자신 없음을 나타냄.

- 나뭇가지의 모양으로 보아 대인관계 상호작용에 대한 부적절감을 나 타내고 있음.

- 구름으로 보아 경쟁적 갈등으로 인해 답답한 마음 상태이며, 열쇠를
  갖고 있는 것으로 보아 부모가 없는 집에 혼자 문을 열고 들어가는 경
  우가 많음을 알 수 있음.
- 나무가 우측에서 절단된 것으로 보아 빨리 어른이 되었으면 하는 욕
  구와 자신의 감정을 솔직하게 표현하거나 경험하는 것을 두려워하며
  행동에 대한 강한 통제를 보일 때가 많음.
- 옆모습의 사람으로 보아 자기존중감이 낮아 보임(자신에 대해 반 긍정,
  반 부정의 감정상태).
- 음영처리로 보아 내담자는 불안 심리가 강함.
- 속눈썹으로 보아 타인과 정서적으로 교류하는 것에 과민해져 있거나
  집착하는 경향성이 있음.

◆ DAP

[그림 42]

[그림 43]

◆ 진단

- 귀의 생략으로 보아 정서적 자극을 받아들이고 느끼고 자신의 감정을 표현하는 데 대해 불안하고 자신이 없으며, 때문에 사회적 상황이나 감정교류 상황을 회피하고 위축되는 경향을 반영함.

- 코의 생략으로 보아 자신이 타인에게 어떻게 보일지에 매우 예민하고 두려워함. 이로 인해 사회적 상황에서 위축되고 지나치게 회피적임.

- 주먹 쥔 손은 교류나 통제, 대처와 관련된 부적절감과 무력감이 내재되어 있음.

- 구두 굽으로 보아 자율성의 성취와 관련된 적대감과 공격성, 억압된 분노감을 나타냄.

- 입 모양(환하게 웃고 있는 모습)으로 보아 타인의 애정을 지나치게 원하며 친밀한 관계에 너무 몰두하고자 함.

- 머리가 큰 것으로 보아 자신의 지적 능력에 대해 불안감을 느끼지만 이를 과도하게 보상하고자 하는 욕구가 있어서 오히려 과시적으로 표출하거나 내적인 소망 충족적 공상에만 과도하게 몰두할 가능성이 있음.

- 팔 크기의 차이는 세상과의 교류능력이나 대처능력에 대한 양가감정을 나타내는 것일 수 있으며, 팔 크기의 차이가 매우 심하므로 신경학적으로도 의심해 볼 필요가 있음.

4. 치료사의 소견 및 총 평가

◆ 상기한 내용으로 보아 내담자는 가족 내에서의 소외감과 애정욕구 및 이에 대한 좌절감으로 인해 현실 속에서의 자기 자신에 대한 불안정감, 자신 없음으로 나타나며 대인관계 상호작용에 대해 심하게 부적절감을 느끼고, 정서적으로 교류하는 것에 과민해져 집착적인 행동으로 나타나며, 자기존중감 및 불안 심리가 매우 심함. 이로 인한

세상과의 교류능력이나 대처능력에 대한 양가감정이 있는 것으로 보임. 따라서 자기존중감 향상 및 불안 심리 완화를 목적으로 하는 20회기 이상의 지속적인 미술치료가 필요하다고 판단됨.

12 산만한 행동을 하는 7세 여아 사례

1. 내담자의 가족사항 및 특징

◆ 나이(학년): 7세(유치원생)

◆ 성별: 여

◆ 가족사항

부(34, 초등교사)는 성격이 원만하고, 내담자와 잘 지내면서도 엄격하게 훈육한다. 모(34, 성악 레슨)는 활동적이고 쾌활하나 성격이 급하다. 동생 출산 후 내담자에게 소홀하게 되었으며, 내담자의 행동에 대해 언어적 지시가 많다. 내담자는 여동생(4)을 미워한다.

2. 의뢰 사유

◆ 집중력이 짧고, 산만함.
◆ 다른 사람의 이야기를 잘 듣지 않고 자기 일에 빠져 있음.

3. 그림 진단

◆ KFD

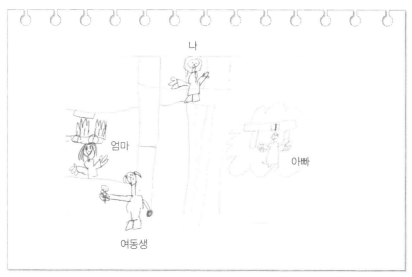

[그림 44]

◆ 진단

- 가족 간의 구획을 나타낸 것으로 보아 가정 내에서 가족 간의 애정교
  류 및 정서적 교류가 잘되지 않는 것으로 생각됨.
- 가족 간의 거리로 보아 애정적인 응집이 잘되지 않고 정서적 거리감
  이 있는 것으로 유추되며 특히 아빠를 책상과 선으로 포위시킨 것으
  로 보아 내담자가 아빠를 정서적으로 거리가 멀고 두려운 존재로 지
  각하고 있는 것으로 생각됨.
- 엄마와 동생은 가까운 거리에 위치한 것으로 보아 밀착되어 있는 것
  으로 지각되고 있음.
- 화장실에서 대변을 보고 있는 장면을 그린 내담자는 동생과의 경쟁적
  인 갈등에서 비롯된 퇴행적인 행동을 보이며 가정 내에서의 정서적

유대감이 부족하고 부, 모와의 상호작용 학습이 부족하여 대인관계에서의 상호작용 기술이 부족한 것으로 생각됨.

◆ KHTP

[그림 45]

◆ 진단

- 창문은 대인관계와 관련된 내담자의 주관적인 경험, 자기 혹은 자기대상이 환경과 상호작용할 수 있는 능력에 대해 스스로 느끼는 감정인데 창문이 생략된 것으로 보아 대인관계에 대한 주관적인 불편함과 위축감을 느끼고 있음을 반영함.
- 벽의 형태가 견고하지 못하고 허술한 것으로 보아 자아강도가 약화되어 있고 자기통제력이 취약해져 있음. 그러므로 산만한 행동을 보일 수 있음. 따라서 현실검증력이 불안정함.
- 지붕의 빗금으로 보아 공상에 많이 몰두하는 내담자로 생각됨.
- 나무 기둥을 종이 밑면까지 그린 것으로 보아 자기 자신의 내적 자원

을 통해 안정감을 얻지 못하고 무언가 외적인 자원을 통해 안정감을 얻고자 하므로 좀 더 미숙하고 퇴행적이며 의존적인 성향을 반영할 수 있으며 상당한 자기 부적절감, 이와 관련된 우울한 감정을 시사함.

- 뿌리가 생략된 것으로 보아 현실 속에서의 자기 자신에 대한 불안정감, 자신 없음을 나타냄.

- 나뭇가지의 모양으로 보아 대인관계가 원활하지 못하고 자기중심적이거나 자기 마음에 들지 않으면 단정해 버리는, 즉 대인관계 상호작용에 미숙함이 보임.

- 눈을 진하게 강조하는 것으로 보아 감정적 교류에 있어서 불안감과 긴장감을 느끼고 있거나 타인과의 상호작용에서의 의심이나 방어적인 태도가 있음을 의미함.

- 귀의 생략으로 보아 정서적 자극을 받아들이고 느끼고 자신의 감정을 표현하는 데 대해 불안하고 자신 없으며, 때문에 사회적 상황이나 감정교류 상황을 회피하고 위축되는 경향을 반영함.

- 입 모양으로 보아 타인과의 정서적 교류에서 무감각하고 냉정한 태도를 취함.

◆ DAP

DAP ①

[그림 46]

DAP ②

[그림 47]

◆ 진단

– 남자상에서 넓게 벌린 다리의 자세로 보아 반항적 자세를 취함으로써 내면의 불안정감을 과잉 보상하려 함.

– 발이 종이 모서리에 거의 닿도록 그린 것으로 보아 내적인 부적절감과 불안정감 및 이를 보상하기 위해 타인으로부터 지지와 격려를 구하고 싶은 욕구를 나타냄.

– 동성을 먼저 그린 것으로 보아 성역할에 대해서는 정상적으로 발달되어 있음.

– 여자상에서는 두 발을 의복으로 가려지게 그린 것으로 보아 의존과 독립의 갈등에서 과도하게 회피하고 억제하고 있음을 의미함.

– 몸통의 크기로 보아 지나친 행동성을 보임으로써 스스로의 내적 힘이 부족하다는 느낌을 과잉 보상하려 함.

– 팔을 어깨가 아닌 몸통 중간에서 그린 것으로 보아 신경학적 장애 혹

은 사고장애를 동반한 정신증적 상태에 있음을 시사함.

- 손 모양으로 보아 교류나 통제, 대처와 관련된 부적절감과 무력감을
  나타내고 있음.

4. 치료사의 소견 및 총 평가

◆ 6세까지 할머니에 의해 양육된 점과 상기의 내용으로 보아 대상관계
  (양육자)에 문제가 있는 것으로 보이며, 이로 인한 상호작용 기술 및
  대인관계성의 문제 등이 나타나는 것으로 생각됨. 뿐만 아니라 내적
  인 불안정감과 우울한 감정 등으로 인하여 과잉 보상하려 함이 과잉
  행동성으로 반복되어 나타나 자기통제력 및 현실검증력이 매우 취약
  해져 있는 상태로 보임. 따라서 신경학적인 문제까지 있는 것으로 생
  각됨. 소아정신과의 정확한 진단이 필요함. 대상관계의 회복이 필요
  하며 감정적 교류에 아주 미숙한 것으로 보아 내담자의 욕구를 잘 파
  악하는 대상과의 건강한 상호작용을 통한 정서적 교류가 시급한 것
  으로 생각됨. 대상관계 회복을 위해 치료사와의 상호작용 기법을 활
  용한 미술치료를 실시하는 것이 필요하다고 판단됨.

13 음성 틱 장애를 가진 12세 남아 사례

1. 내담자의 가족사항 및 특징

◆ 나이(학년): 12세(초등 5년)

◆ 성별: 남

◆ 가족사항

부(41, 건축업)는 과묵하고 엄격한 성격, 내담자가 무서워한다. 모(38, 주부)는 이성적이고 직설적인 성격이며 내담자를 엄격하게 양육하므로 내담자와 갈등적 관계이다. 여동생1(11)은 성실하고 똑똑하며 욕심이 많다. 내담자가 경쟁 상대로 인식하고 있다. 여동생2(8)는 명랑하고 내담자의 말을 잘 따르고 사이가 좋은 편이다. 남동생(5)은 개구쟁이이며 애교가 많고 고집이 세다. 내담자가 함께 놀아 주기는 하나 양가감정(갈등)이 있다.

2. 의뢰 사유

◆ 음성 틱 장애

◆ 충동적으로 화를 내고 공격적임.

◆ 친구나 동생과 싸우는 일이 많음.

◆ 고집이 세고, 손익을 잘 따짐으로 대인관계가 원만하지 못함.

◆ 산만함.

3. 그림 진단

◆ KFD

[그림 48]

◆ 진단
- 부를 생략한 것으로 보아 부에 대한 양가감정을 느끼거나 부와의 갈등적인 관계를 나타냄.
- 구획화된 가족 구성원으로 볼 때 가족 상호 간의 적극적인 애정표현이 이루어지지 않거나 가족 간의 상호작용이 부족하며 가족 간의 응집력도 부족함.
- 좌측에 컴퓨터를 하는 내담자는 우측에 청소기를 들고 있는 모와의 위치로 보아 모와의 정서적 거리감과 갈등적인 관계를 나타냄.
- 내담자와 모의 발 생략으로 보아 세상에 혼자 독립적으로 서는 것에 대한 심한 부적절감을 느끼고 있거나 현실지각의 왜곡이 있을 가능성도 보임.

◆ K-HTP

[그림 49]

◆ 진단

– 특수한 집을 나타낸 것은 가정에서의 불만족을 의미하여 지붕에 빗금
  친 것으로 보아 강박적인 경향을 나타내며 강박적 방식을 통해 통제
  하고자 하는 대상이 내적 인지, 내적 공상과 관련된 불안감으로 나타
  남. 집이 좌측에서 절단된 것으로 보아 생활공간으로부터의 일탈과
  사회생활에 잘 적응하지 못하는 것을 나타냄.

– 지면선이 나타나는 것으로 보아 강한 스트레스 혹은 가정의 붕괴 우
  려에 대한 불안감 등이 있는 것으로 보임.

– 나무 뿌리가 드러난 것은 현실검증력의 손상을 시사함.

– 사람의 옆모습으로 보아 자신감이 부족하며 사회적 접촉을 피하고 있
  을 것으로 유추됨.

– 주먹 쥔 손으로 보아 화, 분노, 적대감이 있는 것으로 보이며 눈동자
  로 보아 사고의 혼란이 있는 것으로 유추됨.

– 코 생략으로 보아 자신이 타인에게 어떻게 보일지에 매우 예민하고
두려워함을 의미함.

◆ DAP

DAP ①

[그림 50]

DAP ②

[그림 51]

◆ 진단
– 남자상에서 눈을 너무 진하게 그리고 강조한 것으로 보아 감정적 교
류에 있어서 불안감과 긴장감을 느끼고 있거나 타인과의 상호작용에
서의 의심이나 방어적인 태도, 편집증적인 경향성이 있는 것으로 생
각됨.
– 여자상에서 눈동자는 없고 눈의 윤곽만 그린 것으로 보아 내적인 공
허함을 반영하며 타인의 감정을 알고 싶지도 않고 자신의 감정을 보
이고 싶지도 않음을 나타냄.
– 팔 길이의 차이로 보아 세상과의 교류능력이나 대처능력에 대한 양가

감정을 나타냄.

– 어깨 생략으로 보아 스스로 책임지는 것에 대해 매우 자신 없어 하고 부적절감을 느끼며 책임지는 상황을 회피하고자 함.

– 입을 헤 벌리고 있는 모습으로 보아 대인관계 상호작용에서의 무기력 감과 수동적인 태도를 반영함.

– 남자상에서 발 생략으로 보아 세상에 혼자 독립적으로 서는 것에 대한 심한 부적절감을 느끼고 있거나 때로는 현실지각의 왜곡이 있기도 함.

– 머리 크기가 큰 것으로 보아 자신의 지적 능력에 대해 불안감을 느끼 지만 이를 과도하게 보상하고자 하는 욕구로 인해 과시적으로 표출하 거나 충동적으로 화를 내거나 공격성이 나타나기도 함.

4. 치료사의 소견 및 총 평가

◆ 강박적인 경향, 강박적인 방식을 통해 통제하고자 하는 대상(모로 유 추됨)으로 인한 내적 인지과정, 내적 공상과 관련된 불안감이 있으며 이로 인해 타인에게 의존적이며 같은 것을 강박적으로 반복하려는 경향이 있음. 애정충족에 심히 좌절감을 느끼고 이후 또 상처 받지 않 을까 하는 불안감과 자신의 감정을 표현하는 데 대해 불안하고 자신 이 없으며, 그러므로 대인관계 상호작용에서의 무기력감과 수동적인 태도를 반영함. 뿐만 아니라 자신의 지적 능력에 대해 불안감을 느끼 지만 이를 과도하게 보상하고자 하는 욕구가 과시적으로 표출됨으로 써 역기능적(충동적으로 화를 내거나 공격적임)이 되는 것이 또 다른 자 신감 부족의 원인이 됨. 자기 응집성과 관련하여 현실지각의 왜곡과 심한 스트레스가 있음. 이로 인해 음성 틱이 나타나는 것으로 생각됨. 우선은 부모와의 관계회복을 위해 가족체계진단법을 활용한 미술치 료와 내담자의 자존감을 향상시켜 대인관계에서의 정서적 교류를 원 활하게 만드는 미술치료를 진행할 필요가 있다고 생각됨.

14 ADHD 진단을 받은 15세 남학생 사례

1. 내담자의 가족사항 및 특징

◆ 나이(학년): 15세(중등 2년)

◆ 성별: 남

◆ 가족사항

부(48, 퇴임)는 과묵하다. 모(47, 고등학교 교사)는 우울한 정서를 가져서 상담을 받은 적이 있다. 형(17, 고등 1년)은 발달장애 및 ADHD 진단을 받았다.

2. 의뢰 사유

◆ ADHD 진단을 받음.

◆ 등교 거부 및 가출

3. 그림 진단

◆ KFD

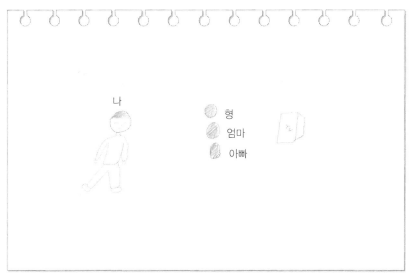

[그림 52]

◆ 진단

- 잠자고 있는 자신의 모습에서 현실에 당면하는 문제에 대한 회피 또는 무기력함을 반영하고 있음.
- 머리카락을 검게 칠한 것으로 보아 사고에 불안감이 있는 것으로 유추됨.
- 자신을 제외한 가족 모두를 위에서 내려다본 머리만을 그린 것은 현재 가정형편이나 상황에 대한 불만감, 벗어나고 싶은 욕구를 나타냄. 뿐만 아니라 위에서 내려다본 그림으로 보아 사회적인 가치 규준에 대해 거부적인 태도가 있음. 특히 가정에서 가르치고자 하는 전통적인 가치에 대한 반감을 가지고 있음.
- 형, 엄마, 아빠는 한곳에 응집되어 있고, 나는 떨어져 있는 가족 간의

거리로 보아, 내담자가 정서적 거리감을 느끼며 가족 간의 상호작용
이 원활하지 못함을 의미함. 특히 형, 엄마, 아빠를 머리만 나타낸 것
으로 보아 가족(형, 엄마, 아빠)에 대해 부정적으로 지각되고 있음.

◆ K-HTP

[그림 53]

◆ 진단
- 문의 생략으로 보아 다른 사람이 자신의 삶, 세계 안에 들어오는 것에
  대해서, 또 자기 스스로 세상 속으로 나아가는 것에 대해서 불안감 혹은
  저항감을 느끼며 자기만의 세계에 고립되고 위축되어 있음을 의미함.
- 지붕의 선이 연결되지 못한 것으로 보아 현실왜곡, 자기통제력의 와
  해, 현실검증력의 손상을 의미함. 즉, 자기통제력이 많이 약화되어 있
  고 자아의 힘이 상당히 고갈되어 있음을 의미함.
- 나무 뿌리를 생략한 것으로 보아 현실 속에서의 자기 자신에 대한 불
  안정감, 자신 없음을 나타냄.

- 나뭇가지가 생략된 것으로 보아 세상과의 상호작용에 있어서 매우 억제되어 있음을 의미함. 사회적으로 심하게 위축되어 있거나 자기 혹은 자기 대상(양육자, 부모)에 대해서도 위축감과 우울감을 느끼고 있음.
- 나무 모양으로 보아 저항적이고 방어적인 태도로 보임. 최소한의 노력만으로 검사에 임하며 검사에 방어하려 하는 태도로 보이고, 이는 내적으로 많이 위축되어 있고 우울한 감정을 방어하려 하는 태도로 나타남.
- 축구하고 있는 사람을 표현한 것으로 보아 때로는 충동성도 보이며 화도 내재되어 있는 것으로 생각됨. 또한 리비도(성적 에너지)가 나타나므로 성적 관심, 성의 발달이 왕성하다고 보임.
- 얼굴의 요소가 생략된 것으로 보아 자기존중감이 매우 낮은 것으로 생각되며 뿐만 아니라 그림을 그리고 싶어 하지 않으므로 최소한의 표현으로도 생각됨.

◆ DAP

[그림 54]

◆ 진단

- 눈동자의 생략(가느다란 선으로 표현, 감은 눈)으로 보아 감정교류 소통의 채널을 좁혀 버린 것으로 스스로 타인의 감정을 교류하고 자신의 감정을 표현하는 데 있어 어떤 제약이나 스스로의 한계를 느끼고 있음(타인과 감정을 교류하는 데 있어 극심한 불안감을 느끼며 회피하고 있음을 의미하기도 함. 그림 검사 시 검사자와의 눈 맞춤이 어려웠음).

- 귀의 생략으로 보아 정서적 자극을 받아들이고 느끼고 자신의 감정을 표현하는 데 대해 불안하고 자신이 없으며, 때문에 사회적 상황이나 감정교류 상황을 회피하고 위축되는 경향을 반영함.

- 입 모양으로 보아 타인과의 정서적 교류에서 무감각하고 냉정한 태도를 취함.

- 발의 자세(반대방향)로 보아 양가감정(갈등)이 심하며 성격이 우유부단하며 자신 없어 함을 의미함.

- 전체적인 신체 윤곽의 조화롭지 못함은 자기 응집성이 결여되어 있거나 그림 그리기에 대한 저항성이기도 함.

- 여자 그리기를 거부하는 것으로 보아 모와의 부정적인 갈등을 간접적으로 나타내는 것으로 유추됨.

4. 치료사의 소견 및 총 평가

◆ 사람 그림의 전체성의 균형은 세상에서의 경험을 구성하는 인지적, 정서적, 행동적 요소에 있어서 자기(self)가 얼마나 잘 통합되어 있는가에 대한 정보를 제공해 주는데, 상기한 내용으로 보아 내담자의 사람 그림에서는 공통적으로 무표정(DAP), 무기력감(잠자는 모습: KFD), 자존감 손상(얼굴의 요소가 없는 사람: K-HTP) 등이 나타나고 있음. 따라서 ADHD의 특성으로 나타나기도 하지만 자기(Self)의 통합성에 문제가 있는 것으로 유추됨. 즉, 정서적 교류의 문제가 심각하여 나타

나는 것으로도 생각됨. 따라서 자신에 대한 불안정감을 완화하는 미술치료 프로그램으로 정서적 교류를 원만하게 만들고 ADHD의 특성에 맞는 인지-행동주의 치료기법을 사용해 상호 소통하는 기술을 향상시키는 미술치료를 진행해야 할 것으로 사료됨. 뿐만 아니라 모자체계진단법과 모자간의 갈등을 해소하는 방법과 자존감 향상을 위한 미술치료 기법을 활용할 필요가 있다고 판단됨.

15 수줍음이 많고, 혼잣말을 많이 하는 내성적인 11세 남아 사례

1. 내담자의 가족사항 및 특징

◆ 나이(학년): 11세(초등 4년)

◆ 성별: 남

◆ 가족사항

부(대졸, 교사), 모(대졸, 교사), 형(13세, 초등 6년), 내담자이다.

2. 의뢰 사유

◆ 내담자의 심리 상태(원하는 것이 무엇인지, 가족에 대해 어떻게 지각하고 있는지 알고 싶어서)를 파악하고자 의뢰함.

◆ 목소리가 작음.

◆ 수줍음, 단답형, 혼잣말

◆ 출생 후 베이비시터에게 양육, 4세부터 어린이집

◆ 부모님이 공부하라는 소리를 듣기가 힘들다. 가끔 죽고 싶을 때도 있다고 말함.

3. 그림 진단

◆ KFD

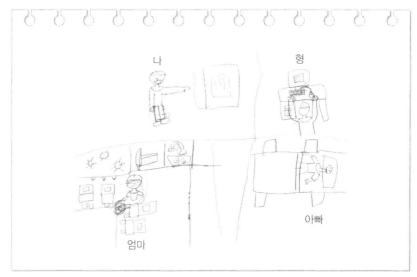

[그림 55]

◆ 진단

- 가족 구성원을 구획으로 나타낸 점과 모는 부엌일 하는 모습, 부는 침대에 포위되어 있는 모습, 형은 컴퓨터 하는 뒷모습, 내담자는 입을 헤 벌리고 있는 모습으로 그린 점으로 보아, 가정에서 상호 간의 적극적인 애정표현이 이루어지지 않고 가족 간의 응집력 및 상호작용이 부족한 상태로, 외롭거나 억압된 분노감이 있음. 가족관계에서 포위한 대상(부)과는 정서적으로 단절되어 있을 가능성이 있고, 뒷모습을 하고 있는 형과는 매우 부정적인 관계로 보이며 따라서 가족 구성원으로부터 내담자 자신과 자신의 감정을 철회하고 분리시키려는 욕구가 보임.

◆ K-HTP

[그림 56]

◆ 진단

- 벽이 견고하지 못하고 허술함(기울어짐)으로 보아 자아강도가 약화되어 있고 자기통제력이 매우 취약해져 자아의 힘이 상당히 고갈되어 있음.
- 지붕의 창문으로 보아 자신의 모습이 드러나는 것을 감추고 싶어 함을 의미하며, 내적인 고립감과 위축감이 있음.
- 집의 지면선 생략으로 보아 현실과의 접촉에 문제가 있음.
- 집을 비스듬히 쓰러질 듯이 그린 것으로 보아 자기통제력이 매우 악화되어 있고 현실검증력이 불안정할 수 있음.
- 나무 기둥이 높은 것으로 보아 실제로는 내적 성격구조가 약하고 자아강도가 부족하면서도 이로 인한 불안감을 과잉 보상하고자 시도함.
- 나무 기둥 윤곽선이 흐린 것으로 보아 자아의 붕괴에 대한 긴박감, 강한 불안감을 나타냄.

- 나무 기둥을 종이 밑면까지 그린 것으로 보아 자기 자신의 내적 자원을 통해 안정감을 얻지 못하고 무언가 외적인 자원을 통해 안정감을 얻고자 하는 욕구로 인하여 좀 더 미숙하고 퇴행적이며 의존적인 성향을 반영함. 따라서 상당한 부적절감과 이와 관련하여 우울감도 있음.
- 뿌리의 생략으로 보아 현실 속에서 자기 자신에 대한 불안정감, 자신 없음을 나타냄.
- 사다리로 보아 심리적 불안이 심함.
- 사과나무는 애정욕구와 의존욕구가 매우 높고 다른 사람의 사랑에 목말라 있는 상태를 나타냄.

◆ DAP

[그림 57]

[그림 58]

◆ 진단
- 귀의 생략으로 보아 정서적 자극을 받아들이고 느끼고, 자신의 감정을 표현하는 데 대해 불안하고 자신 없기 때문에 사회적 상황이나 감

정교류 상황을 회피하고 위축되는 경향이 있음.

- 팔 길이, 굵기의 차이로 보아 세상과의 교류능력이나 대처능력에 대한 양가감정(갈등)을 나타낼 수 있으며 신경학적 장애나 정신증적 상태 여부를 의심해야 함.
- 사람을 하체에서 머리 순으로 그리는 것과 필압으로 보아 우울이 있는 것으로 생각됨.
- 눈동자를 생략한 것으로 보아 타인과 감정을 교류하는 데 있어 극심한 불안감을 느끼며 회피하고 있음.
- 아울러 타인의 감정을 공유하고 자신의 감정을 표현하는 데 있어 어떤 제약이나 스스로의 한계를 느끼고 있음.
- 사람의 형태가 다 나오지 못한 것으로 보아 대인관계성의 문제이거나 우울로 인한 현실지각의 손상, 신경학적인 장애의 가능성이 높음.
- 다리 생략으로 보아 세상에 대처하고 현실에 뿌리내리는 데 있어서의 자신감 부족 및 부적절감, 양가감정(갈등)이 매우 심하여 우울한 상태로 과도하게 위축되어 있음.
- 남자상에서의 팔 생략으로 보아 정신증적으로 퇴행되어 지각적인 왜곡이 일어나고 있거나 또는 매우 우울하여 현실에서 위축, 과도한 무력감과 부적절감을 느끼고 있음.

4. 치료사의 소견 및 총 평가

◆ 내담자는 가족관계에서의 정서적 단절 및 상호작용의 부족으로 인하여 고립감과 위축감이 심하며, 자아붕괴에 대한 강한 불안감과 팔 길이 차이, 필압(나무 기둥의 윤곽선), KFD나 K-HTP에서 하체부터 머리 순으로 그리는 것 등으로 보아 우울이 심한 것으로 생각됨. 우울완화 및 상호작용을 통한 정서적 교류를 목적으로 하는 미술치료 기법으로 20회기 이상의 지속적인 치료가 필요하다고 생각됨.

16 산만하고 폭력적인 14세 남학생 사례

1. 내담자의 가족사항 및 특징

◆ 나이(학년): 14세(중등1년)

◆ 성별: 남

◆ 가족사항

부(45, 자영업), 부의 일을 함께하고 있는 모(40, 자영업), 누나(17, 고등학생), 내담자이다.

2. 의뢰 사유

◆ 산만함(가만 있지 못함).

◆ 약간의 폭력성(친구들을 괴롭힘)으로 인해 또래관계가 원만하지 못함.

◆ 담임 선생님의 권유

3. 그림 진단

◆ KFD

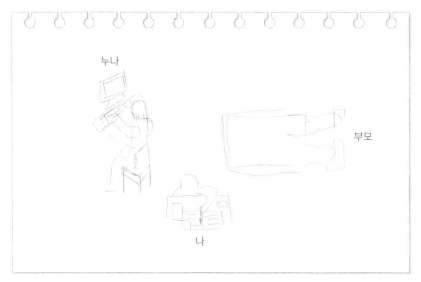

[그림 59]

◆ 진단

- 사람을 잘 못 그리는 것으로 보아 대인관계성의 문제이거나 인지 발달(상징성 체계)에 문제가 있는 것으로 보임.
- 부모를 이불로 통제시킨 것으로 보아 내담자는 부모와의 정서적 거리감을 느끼고 두려워하는 존재로 지각하고 있음.
- 내담자의 위치로 보아 스스로 통제하려는 생각은 있으나 사고체계의 문제로 인해 뜻대로 잘되지 않는 것으로 보임.
- 가족 모두 얼굴표정이 생략된 것으로 보아 가족 내에서 느끼는 갈등이나 정서적 어려움을 회피하거나 거리감을 두려는 시도로 보임.

◆ K-HTP

[그림 60]

◆ 진단

- 집, 나무, 사람이 붙어 있는 것(부착)으로 보아 자신의 생활 속에서 여러 가지 중요한 일들을 분리할 수 없고 해결할 수 없다는 것을 나타냄. 만성적인 불만족스러운 생활을 반영함.

- 집의 투명성(창문으로 실내가 보임)으로 보아 자기통제력 상실, 현실검증력의 장애로 보임.

- 벽의 선이 연결되지 않은 것으로 보아 자기통제력이 많이 약화되어 있고 자아의 힘이 상당히 고갈되어 있음을 의미함.

- 그림의 좌측이 기울어진 것으로 보아 충동적으로 행동하려는 경향성이 있음.

- 나무 기둥의 윤곽선이 흐린 것으로 보아 성격구조, 즉 자아붕괴에 대한 긴박감 및 강한 불안감을 나타냄.

- 나무의 옹이로 보아 자아의 상처를 입은 것으로 생각됨.

－ 뿌리가 없는 것으로 보아 현실 속에서의 자기 자신에 대한 불안정감,
　자신 없음을 나타냄.

◆ DAP

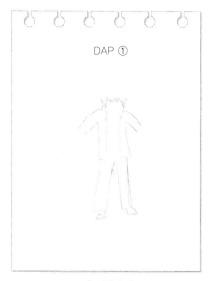

[그림 61]

[그림 62]

◆ 진단
－ 얼굴 생략으로 보아 세상과 직면하기를 원하지 않는 것으로 극도의
　불안감을 느끼고 자신 없어 하며 이와 관련하여 매우 예민하고 세상
　에 대해 억제적이고 회피적인 태도를 나타내며, 뿐만 아니라 분노감
　이나 거부적인 태도를 반영함.
－ 머리 생략으로 보아 사고장애나 신경학적 장애가 있을 가능성이 매우
　높음.
－ 입의 생략으로 보아 애정교류에 있어서 심한 좌절감이나 무능력감,
　위축감, 양가감정을 느끼고 있고 특히 부모와 같은 대상과의 관계에

서 상당한 갈등이나 결핍이 있음을 나타냄.

- 목의 생략으로 보아 인지적 활동이나 신체적 반응에 대한 통제력 모두가 약화되어 신체적 행동의 통합이나 조절이 부족한 상태, 즉 뇌기능 장애, 해리 장애, 혹은 사고장애의 가능성이 높음.
- 여자상에서 발의 생략으로 보아 세상에 혼자 독립적으로 서는 것에 대한 심한 부적절감을 느끼고, 현실지각의 왜곡이 있을 가능성도 있음. 따라서 자기통제가 잘되지 않음.
- 필압으로 보아 우울증적 요소가 많음.
- 남자상에서 손의 생략으로 보아 세상이나 타인과 교류하고 싶은 소망이 있지만 스스로 이러한 교류에 대해 통제감이나 효능감이 없고 불안하며 부적절감을 느끼고 있으며 대처기술 자체가 비효율적이고 부적절함을 느끼고 있음.
- 여자상에서의 손의 위치로 보아 성적인 영역에 대한 불안감을 통제하고자 노력하고 있음.

4. 치료사의 소견 및 총 평가

◆ 상징성 발달에 문제가 있거나 대인관계성의 문제로 인하여 인지적 활동이나 신체적 반응에 대한 통제력 모두가 약화되어 신체적 행동의 통합이나 조절이 부족한 상태로, 뇌기능 장애 혹은 사고장애의 가능성이 높으며 이로 인해 우울한 감정과 불안이 많이 내재되어 있음. 따라서 그냥 두면 매우 위험할 수 있으며 정신과 병원 진단이 필요하다고 생각됨.

17 등교 거부를 하는 9세 남아 사례

1. 내담자의 가족사항 및 특징

◆ 나이(학년): 9세(초등 2년)

◆ 성별: 남

◆ 가족사항

부(37세, 고졸, 회사원), 모(35세, 고졸, 회사원), 누나(11세, 초등 4년), 내담자이다.

2. 의뢰 사유

◆ 등교할 때 복통, 두통 호소(등교 거부)

◆ 충동적인 화 표출 등으로 의뢰

◆ 7~8개월 이후 외조부모가 양육

◆ 4세 때부터 모 양육

3. 그림 진단

◆ KFD

[그림 63]

◆ 진단

- 각자 자기 일만 하는 모습과 중심에 있는 부, 좌측 하단에 있는 부엌 일 하는 모, 좌측 상단에 공부하는 누나, 우측 하단에 공부하는 내담 자. 가족 간의 거리로 보아 정서적 교류 및 상호작용이 원활하지 못한 것으로 생각됨.

- 내담자는 가족 간의 정서적 거리감과 불안감을 가지며, 특히 모와의 거리가 먼 것으로 보아 모와의 분리불안이 특히 심각한 것으로 생각 됨.

- 착실하게 공부를 잘하는 누나와도 내담자와의 위치로 보아 경쟁적인 갈등이 있는 것으로 유추됨.

- 가족 전체를 테두리 친 것으로 보아 가족 간의 정서적 거리감에 대한

보상 심리로 가족 간의 화합 및 애정교류가 부족한 것으로 보임.

◆ K-HTP

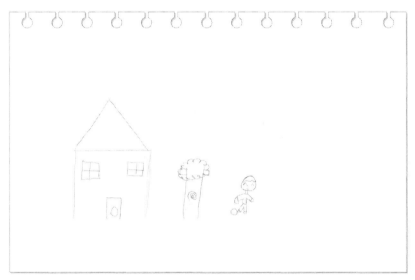

[그림 64]

◆ 진단

– 아래쪽에 치우친 그림으로 보아 내면에 상당한 불안정감과 부적절감
　이 내재되어 있거나 혹은 우울증 상태에 있을 수 있음.

– 창문의 위치, 현관문보다 높게 위치한 창문으로 보아 내적인 고립감
　과 위축감을 나타냄.

– 벽의 선 형태의 견고함이 부족한 것으로 보아 자아강도가 약화되어
　있고 자기통제력이 취약해져 있음.

– 집의 지면선 생략으로 보아 현실과의 접촉에 문제가 있음을 나타냄.

– 나무 기둥을 종이 밑면까지 그린 것으로 보아 자기 자신의 내적 자원
　을 통해 안정감을 얻지 못하고 무언가 외적인 자원을 통해 안정감을
　얻고자 하는 욕구를 의미하며, 좀 더 미숙하고 퇴행적이며 의존적인

성향을 반영함. 따라서 상당한 자기 부적절감과 우울감을 나타냄.

– 뿌리의 생략으로 보아 현실이나 세상에 안정되게 설 수 있는 기반을 그리지 못했음을 나타내므로 현실 속에서의 자기 자신에 대한 불안정 감, 자신 없음을 반영함.

– 다람쥐 구멍을 나타낸 것으로 보아 좀 더 안전한 장소, 자신이 위축되어 그 안에 숨고 싶은 그런 장소를 찾고 싶다는 소망을 의미함. 다시 말해 일시적 퇴행을 함으로써 그동안 손상되고 고갈된 자아의 힘을 회복하고, 보상하고 싶은 욕구를 나타냄.

– 나뭇가지 생략으로 보아 세상과의 상호작용에 있어서 매우 억제되어 있음. 사회적으로 심하게 위축되어 있거나 자기 혹은 자기 대상(모)에 대해서도 위축감과 우울감을 느끼고 있음.

– 사람의 크기, 기울기 등으로 보아 내담자는 매우 위축됨과 불안정한 심리 상태로 보임.

◆ DAP

[그림 65]

[그림 66]

◆ 진단

- 팔 길이의 차이, 어깨 생략, 필압 등으로 보아 내담자는 신경학적(우울) 상태 여부가 의심스러움. 특히 세상과의 교류능력이나 대처능력에 대한 양가감정(갈등)을 나타냄.
- 눈동자 생략으로 보아 타인과의 감정을 교류하는 데 있어 극심한 불안감을 느끼며 회피하고 있음.
- 주먹 쥔 손으로 보아 화, 분노감이 내재되어 있음. 이는 우울한 감정 때문이라고 생각됨.
- 코의 생략으로 보아 자신이 타인에게 어떻게 보일지에 매우 예민하고 두려워함. 이로 인해 사회적 상황에서 위축되고 지나치게 회피적일 수 있음.
- 귀의 생략으로 보아 정서적 자극을 받아들이고 느끼고 자신의 감정을 표현하는 데 대해 불안하고 자신 없으며, 때문에 사회적 상황이나 감정교류 상황을 회피하고 위축되는 경향을 반영함.
- 다리의 자세로 보아 융통성이 부족하고 경직된 성격, 성향으로 보임.
- 여자상에서 줄넘기로 사람을 포위한 것으로 보아 자신에 대한 불안감을 나타냄.

4. 치료사의 소견 및 총 평가

◆ 내담자의 신체적 호소(복통, 두통) 및 충동적인 화 표출과 상기의 내용(정서적 상태)으로 보아 내담자는 위축감과 우울증 소인이 많은 것으로 생각됨. 내담자의 우울증은 모의 정서적 상태의 영향을 받을 수도 있음. 3세 이전 모가 양육하지 못한 대상관계의 문제와 이로 인한 분리불안도 검토해 볼 필요가 있으며 위축감에서 벗어날 수 있는 자존감 향상과 치료사와의 상호작용 기법을 활용한 미술치료를 통해 불안 및 우울한 감정을 완화할 필요가 있음.

18 모와의 애착형성이 잘 안 되는 6세 여아 사례

1. 내담자의 가족사항 및 특징

◆ 나이(학년): 6세

◆ 성별: 여

◆ 가족사항

부(37세, 대학원졸업, 회사연구원), 모(32세, 대학졸업, 전업주부), 내담자, 남동생(1세)이 있다.

2. 의뢰 사유

◆ 엄마와의 원만하지 못한 애착형성

◆ 고집이 셈.

◆ 지나친 애정욕구

◆ 다른 사람의 눈치를 봄.

◆ 혼자 놀이를 잘하지 못함.

3. 그림 진단

◆ KFD

[그림 67]

◆ 진단

- 그림의 크기로 보아 내담자는 인지 발달의 수준상에서 볼 때 자기중
  심성이 나타나는 단계에 있는 것으로 생각됨. 모가 아기를 안고 있는
  모습으로 보아 모와 동생이 밀착된 관계로 지각됨으로 인해 내담자는
  정서적으로 불안함에서 오는 퇴행적인 현상을 보임. 뿐만 아니라 내
  담자에게는 아직 의존성이 있는 상태이므로 모의 손길이 필요한 시기
  라고 생각되며, 내담자를 큰 아이로 생각하여 어른의 잣대에서 평가
  하거나 지적해서는 곤란할 것으로 생각됨.
- 가족을 일렬로 나열한 것으로 보아 가족 간의 정서적 교류가 원활하
  지 못한 것으로 보이며 이로 인해 내담자는 정서적 불안정이 있는 것
  으로 보임.

– 내담자의 다리에 그린 X의 상징성으로 보아 자존감이 낮은 것으로 유추됨. 이는 모의 지적이 많은 탓으로 보임.

◆ K-HTP

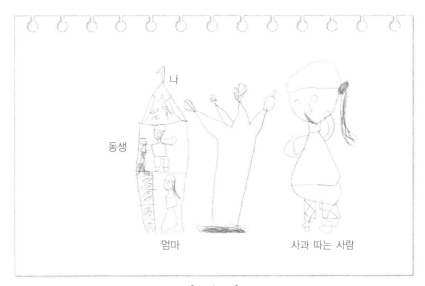

[그림 68]

◆ 진단
– 나무 기둥이 종이 밑면까지 그린 것으로 보아 자기 자신의 내적 자원을 통해 안정감을 얻지 못하고 무언가 외적 자원을 통해 안정감을 얻고자 하는 욕구(칭찬, 지지)로 좀 더 미숙하고 퇴행적이며 의존적인 성향을 반영함(4년 9개월 정도의 내담자에게는 보편적일 수도 있음).
– 뿌리의 음영처리로 보아 정서적으로 많이 불안정함.
– 집의 지면선이 생략된 것으로 보아 불안정함.
– 나뭇가지의 모양으로 보아 내향적이고 위축되어 있음.
– 집의 구획(구분)으로 보아 정서적 교류 및 애정표현이 잘 안 되는 가정으로 보이며 사과나무를 그린 것으로 보아 모와의 사랑과 관심을 받

고 싶거나 주고 싶어 함을 의미함.

- 입 모양으로 보아 정서적 교류, 애정교류에 있어서 불안감을 느끼고 있음.

- 다리의 모양으로 보아 내담자의 활동성에 통제를 받고 있는 것으로 유추됨.

◆ DAP

[그림 69]

[그림 70]

◆ 진단

- 눈의 모양으로 보아 스스로 타인의 감정을 공유하고 자신의 감정을 표현하는 데 있어 어떤 제약이나 스스로의 한계를 느끼고 있을 가능성이 있음.

- 귀의 생략으로 보아 정서적 자극을 받아들이고 느끼고 자신의 감정을 표현하는 데 대해 불안하고 자신 없으므로 감정교류 상황을 회피하고 위축되는 경향이 있음.

－팔 길이가 서로 다름으로 보아 세상과의 교류능력 및 대처능력에 대
　한 양가감정이 있는 것으로 보임.

4. 치료사의 소견 및 총 평가

◆ 아이는 단지 아이일 뿐, 부모와의 정서적 교류 및 따뜻한 애정적 교
류가 필요하며 부모님의 행동을 그대로 학습하거나 은연중에 부모의
표현들을 배우게 됨. 아이가 혼자서 못 노는 것은 당연한 것이라 생각
되며 놀이는 누군가와 상호작용을 통해서 할 수 있는 것이라고 생각
됨. 혼자서도 잘 노는 시기(3~4세 병행 놀이)는 이미 지나갔고 사회성
(만 4~6세)이 발달되는 시기이므로 또래집단과의 어울림이나 집에서
는 부모가 아이들의 대상이 되어 주어야 함. 공부를 시킬 때 엉뚱한
대답을 하며 혼자 즐거워함은 아직 아이들의 환상의 세계에 머물러
있음을 나타내고 때로는 이러한 현상이 퇴행일 수도 있으나 이러한
퇴행은 정서적 불안이 원인임. 동생이 태어남으로 동생의 양육이 내
담자에게는 애정을 동생에게 뺏긴다는 불안감으로 나타날 수 있으므
로 아이의 감정을 공감해 주는 부모의 자세(태도)가 필요하다고 생각
되며, 내담자가 다른 사람의 시선을 많이 의식하고 궁금해하는 태도
는 타인에게 관심과 호기심이 있다는 것으로 매우 건강한 것이라고
생각됨. 다만 눈치를 본다는 것은 내담자를 지지하기보다는 지적을
많이 하여 내담자가 위축됨을 의미함.

　발달상에서는 전혀 문제가 없으며 오히려 동성(여성)을 먼저 그리는
것으로 보아 어떤 영역(성역할)에서는 성장이 빠른 것으로 보이나 단지
가족 간의 정서적 교류가 원활하지 못함으로 인한 정서적 불안정이 있
고, 이로 인한 퇴행적인 행동이 있을 수 있으므로 이를 방치하면 내담
자의 발달에 저해가 되므로 자존감 향상 및 정서적 안정을 위한 미술
치료를 10회 정도 받아 보거나 부모교육이 필요한 것으로 생각됨.

19 14세 가출 여학생 사례

1. 내담자의 가족사항 및 특징

- ◆ 나이(학년): 14세(중등 1년)
- ◆ 성별: 여
- ◆ 가족사항

부(40세, 전문대졸, 상업), 모(37세, 고졸, 상업)도 함께 남편을 도와 일하고 여동생(9세)이 있다.

2. 의뢰 사유

- ◆ 중학교 입학 후 여러 가지 문제(담배, 술, 가출)를 일으켜 담임 선생님 추천으로 의뢰됨.

3. 그림 진단

◆ KFD

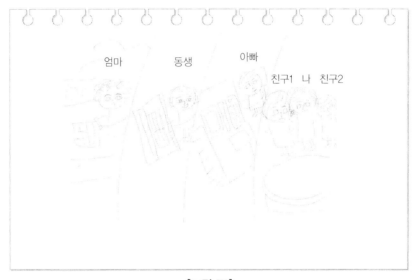

[그림 71]

◆ 진단

- 구획(구분한 선)으로 보아 가족으로부터 자신의 감정을 철회하고 분리 시키려는 욕구가 나타남.
- 동적가족화에 친구가 등장하는 것으로 보아 내담자는 가족 내의 누구 에게도 마음을 허락할 수 없는 상태에 있음.
- 가족들 모두 목이 생략된 것으로 보아 인지적 활동이나 신체적 반응 에 대한 통제력이 모두 약화되어 신체적 행동의 통합이나 조절이 부 족한 상태임.
- 엄마는 다리(발)가 생략된 것으로 보아 세상에 대처하고 현실에 뿌리 내리는 데 있어서의 자신감 부족 및 부적절감, 양가감정을 의미하며 이러한 무력감과 부적절감이 매우 심하여 우울한 상태에 있다고 내담

자는 지각하고 있음.

- 가족들 모두 손이 생략된 것으로 보아 세상이나 타인과 교류하고 싶은 소망이 있지만 스스로 이러한 교류에 대해 통제감이나 효능감이 없고 불안과 부적절감을 느끼고 있으며, 대처기술 자체가 비효율적이고 부적절할 가능성을 시사함.

- 가족들 모두 귀가 생략된 것으로 보아 정서적 자극을 받아들이고 느끼고 자신의 감정을 표현하는 데 대해 불안하고 자신이 없으며, 때문에 감정교류 상황을 회피하고 위축되는 경향을 반영함. 따라서 가족체계의 문제가 있는 것으로 생각됨.

◆ K-HTP

[그림 72]

◆ 진단

- 문이 작은 것으로 보아 다른 사람과 관계를 맺고 싶은 욕구도 있지만 한편으론 이에 대한 거부감, 두려움, 불편함 등의 양가감정을 느끼며

다른 사람이 다가오는 것이 두렵고 자신의 경계가 침범당하거나 남이
자신을 너무 많이 알게 될까 봐 두려워함을 의미함.
- 벽을 그리지 않은 것으로 보아 심한 현실왜곡, 자기통제력의 와해, 현
  실검증력의 손상을 의미함.
- 굴뚝의 연기로 보아 가정 내 불화나 가족 내에서의 정서적인 긴장감
  을 반영함.
- 지붕의 빗금으로 보아 공상에 몰두하거나 자신의 공상이나 내적 인지
  과정을 통제하지 못할지 모른다는 불안감이 있어 이를 보상하고자 하
  는 의도로 집착성이 있을 수 있음.
- 나무 뿌리가 없는 것으로 보아 현실 속에서 자기 자신에 대한 불안정
  감, 자신 없음을 나타냄.
- 나뭇가지가 생략된 것으로 보아 세상과의 상호작용에 있어서 매우 억
  제되어 있고, 사회적으로 심하게 위축되어 있거나 자기 혹은 자기 대
  상에 대해서도 위축감과 우울감을 느끼고 있음.
- 나와 남자친구를 하트 모양으로 포위한 것으로 보아 남자친구와의 관
  계에 불안감이 있고 타인의 시선을 의식하며 둘만의 세계에 들어가고
  싶은 욕구가 나타남.

◆ DAP

DAP ①

[그림 73]

DAP ②

[그림 74]

◆ 진단

- 이성을 먼저 그리는 것으로 보아 성역할의 혼란이 있는 것으로 생각
  됨.
- 눈동자의 생략(눈의 윤곽선만 있음)으로 보아 내적인 공허감, 즉 타인
  의 감정을 알고 싶지도, 자신의 감정을 보이고 싶지도 않음을 나타냄.
- 눈썹이 진한 것으로 보아 공격적인 태도가 있음.
- 필압과 포켓으로 보아 우울증적인 요소가 강함.
- 손을 숨김으로 보아 죄책감, 죄의식 등이 있음.
- 다리를 다 못 그린 것으로 보아 세상에 대처하는 데 대한 양가감정 및
  회피적, 억제적 행동을 보일 수 있음.
- 여자상의 입 모양으로 보아 대인관계 상호작용에서의 무기력감과 수
  동적인 태도를 반영함.

4. 치료사의 소견 및 총 평가

◆ 내담자는 대인관계성의 문제와 우울이 많은 것으로 보이며 이로 인
한 심한 현실왜곡, 자기통제력의 와해, 현실검증력의 손상이 있는 것
으로 생각됨. 이는 가족체계의 문제와 가족 간의 정서적 유대가 잘되
지 않은 역기능적인 가정에서부터 기인된 것으로 유추됨. 따라서 가
출 및 문제행동이 나타나는 것으로 보이며 내담자는 대인관계성 및
우울, 불안 완화를 위한 미술치료가 필수적이며 가족치료도 병행함
이 필요하다고 생각됨.

20 승부욕이 강하고 위협적인 행동으로 또래관계가 원만하지 못한 6세 여아 사례

1. 내담자의 가족사항 및 특징

◆ 나이(학년): 6세

◆ 성별: 여

◆ 가족사항

부(39, 자영업), 모(35, 회사원), 내담자, 남동생(2세)이 있다.

2. 의뢰 사유

◆ 원만하지 못한 또래관계(지나친 승부욕, 위협이나 피해를 주는 행동)

◆ 어른들의 말과 행동에 관심이 많음.

◆ 자위행위

3. 그림 진단

◆ KFD

[그림 75]

◆ 진단

- 설거지 하는 엄마를 가운데 위치시킨 것으로 보아 가정의 중심을 엄마로 지각하고 있으며 엄마, 아빠 사이의 가구 배치로 보아 엄마, 아빠와의 정서적 거리감이 있는 것으로 유추됨.

- 내담자를 침대 위에 배치한 것으로 보아 성적 우울이 있는 것으로 유추되며 이는 내담자의 자위행위를 심하게 꾸중하였거나 위협적인 행동으로 내담자를 통제시키려 하는 것에서 기인된 것으로 추론됨.

- 내담자의 위치로 보아 내담자는 동생과도 정서적 거리감을 느끼고 있고, 엄마와 가까이 있되 등지고 있으므로 갈등은 있는 듯하다. 가까워지고 싶은 욕구를 나타냄.

- 가구로 포위를 한 듯한 가족의 배치로 보아 가족 간의 정서적 유대 및

원활한 의사소통이 잘 안 되는 것으로 생각됨.
- 내담자는 남녀를 구별하는 성의 발달 단계에서 정상적인 발달 상태로
  생각됨.

◆ K-HTP

[그림 76]

◆ 진단
- 창문의 생략으로 보아 대인관계에 대한 주관적인 불편감과 관련되며
  대인관계에서 다분히 위축되어 있음.
- 굴뚝의 연기로 보아 가정 내 불화나 가족 내에서의 정서적 긴장감을
  반영하고 있음.
- 집의 지면선 생략으로 보아 현실과의 접촉에 문제가 있음.
- 태양의 등장으로 보아 강한 애정욕구 및 이에 대한 좌절감을 시사
  함.
- 좌측에 있는 절단된 나무로 보아 과거에 고착되어 있으며 타인에게

의존적이고 같은 것을 강박적으로 반복하려는 경향이 있음.

- 나무 기둥을 종이 밑면까지 그린 것으로 보아 자기 자신의 내적 자원을 통해 안정감을 얻지 못하고 무언가 외적인 자원을 통해 안정감을 얻고자 하는 욕구를 의미함. 그러므로 좀 더 미숙하고 퇴행적이며 의존적인 성향을 반영함. 자기 부적절감과 우울감을 시사하기도 함. 이로 인한 어른들의 말에 지나치게 귀 기울이는 행동이 나타남.

- 뿌리의 생략으로 보아 현실 속에서의 자기 자신에 대한 불안정감, 자신 없음을 나타냄. 그러므로 과잉행동, 위협적인 행동 등이 나타날 수 있음.

- 가지의 생략으로 보아 세상과의 상호작용에서 매우 억제되어 있음.

- 귀의 생략으로 보아 정서적 자극을 받아들이고 느끼고 자신의 감정을 표현하는 데 대해 불안하고 자신 없으며, 때문에 사회적 상황이나 감정교류 상황을 회피하고 위축되는 경향을 반영함.

- 손잡이를 까맣게 칠한 것으로 보아 여성성의 불안함(자위행위에 대한 꾸중으로 인한 것으로 추론됨)을 의미함.

- 목을 너무 작게 그린 것(음영처리)으로 보아 스스로 통제해야겠다는 생각은 있으나 이러한 의지에 너무 압도되어 억제되고 위축되어 불안이 있음.

◆ DAP

DAP ①

[그림 77]

DAP ②

[그림 78]

◆ 진단

- 코의 생략으로 보아 자신이 타인에게 어떻게 보일지에 매우 예민하고 두려워함을 의미함. 이로 인해 때로 사회적 상황에서 위축되고 지나 치게 회피적일 수 있음.
- 속눈썹으로 보아 호기심이 많음과 타인과 정서적으로 교류하는 것에 과민해져 있거나 집착하는 경향성을 반영함.
- 한쪽 눈을 생략한 것으로 보아 감정교류에 있어서 접근과 회피의 양 가감정을 느끼고 있음.
- 입 모양으로 보아 대인관계 상호작용에서의 무기력감과 수동적인 태 도를 반영함.
- 발의 X 표시의 상징성으로 보아 자신을 부정적으로 생각하며 자존감 이 낮고, 활동성에 대해 지나친 통제로 인한 불안정함을 의미함.
- 사람의 크기가 큰 것으로 보아 부모상으로 볼 때 부모가 위협적이거

나 징벌적으로 지각됨. 자아상으로 볼 때 불안 심리에 대한 보상적 공
상으로 공격적 감정을 나타냄.

- 발이 종이 모서리에 거의 닿도록 그린 것으로 보아 내면의 불안정감
이 있는 것으로 생각됨.

4. 치료사의 소견 및 총 평가

◆ 3세 이전의 양육자와의 상호작용을 통해 대인관계 기술이 발달되는
데 내담자는 대상관계(3세 이전 양육자와의 관계)에서 다소 문제가 있
는 것으로 생각되며, 따라서 세상과의 상호작용이 매우 억제되어 있
고, 그로 인한 현실과의 접촉에 문제가 있는 것으로 생각됨. 내성적
인 내담자이거나 혼자 있는 시간이 많은 내담자가 흔히 나타내는 자
위행위로 인하여 부모들의 지나친 통제 및 위협적인 자세로의 꾸중
등이 내담자에게 성적 우울로 나타날 수 있으며, 이러한 행위를 스스
로 통제해야겠다는 생각에 지나치게 압도되어 너무 억제되고 위축됨
이 불안으로 나타나 현실 속에서의 자기 자신에 대한 불안정감, 자신
감 저하로 인해 과잉행동, 위협적인 행동 등을 보이고 있는 것으로
생각됨. 내담자에 대해서는 치료자와의 상호작용을 통한 대인관계
향상을 위한 미술치료 프로그램과 위축감에서 벗어나는 자기존중감
프로그램 실시가 필요하며 아울러 내담자가 자위행위를 할 때는 부
모님께서도 흥미를 가질 수 있는 다른 활동을 제공해 주어 자연스럽
게 에너지 방향을 돌릴 수 있도록 도와주시기를 권유함.

21 수업시간에 소리를 내는 10세 남아 사례

1. 내담자의 가족사항 및 특징

◆ 나이(학년): 10세(초등 3년)

◆ 성별: 남

◆ 가족사항

부(39세, 회사원), 모(34세, 회사원), 내담자, 남동생(7세)이 있다.

2. 의뢰 사유

◆ 수업시간에 집중력 부족(소리를 냄)과 원만하지 못한 또래관계

◆ 현재 심리, 정서 상태를 알고자 그림 검사를 의뢰함.

◆ 8세 때 교통사고가 나서 한 달 동안 입원한 적이 있음.

◆ 성장 · 발달을 위한 한약을 먹임.

3. 그림 진단

◆ KFD

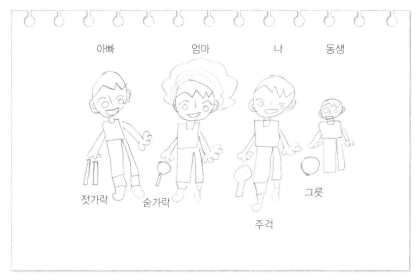

[그림 79]

◆ 진단

- 가족 중에서 엄마의 크기가 크고 중심에 있는 것으로 보아 가정에서의 모가 중심이 되어 있고 아들이 지각하는 엄마의 역할이 큰 것으로 생각됨.
- 식탁은 없고 젓가락, 숟가락, 주걱, 그릇 등이 등장하여 구조적인 면(지각)에서 다소 문제가 있는 것으로 보임.
- 가족을 일렬로 나열한 것으로 보아 상호작용, 정서적 교류가 잘 이루어지지 않는 가정으로 보임.
- 7세 된 남동생은 발이 생략된 것으로 보아 세상에 혼자 독립적으로 서는 것에 대한 심한 부적절감을 느끼는 상태로 내담자가 지각함.

◆ K-HTP

[그림 80]

◆ 진단
- 집이 좌측 상단 구석에 나타난 것으로 보아 불안이 심하고 새로운 경험을 피하고 과거로 퇴행하고자 함.
- 창문 생략으로 보아 대인관계에 대한 주관적인 불편함과 관련되어 대인관계에서 다분히 위축되어 있음을 반영함.
- 멀리 있는 집의 모양으로 보아 가족에 의해 위로를 받을 수 없다는 감정으로 보이며 현재 자신의 가족 상황에 대해 대처할 수 없다는 무력감을 느끼고 있는 것으로 생각됨.
- 벽에 선이 비스듬히 쓰러질 듯이 그린 것으로 보아 자기통제력이 매우 약화되어 있고 현실검증력이 불안정함.
- 나무 기둥이 기울어진 것으로 보아 내적 자아의 힘이 어떤 외적인 요인에 의해 손상되거나 압박을 받고 있다는 느낌.
- 뿌리가 없는 것으로 보아 현실 속에서의 자기 자신에 대한 불안정감,

자신 없음을 나타냄.
- 나무 기둥을 종이 밑면까지 그린 것으로 보아 자기 자신의 내적 자원을 통해 안정감을 얻지 못하고 무언가 외적인 자원을 통해서 안정감을 얻고자 하는 욕구를 의미하며, 미숙하고 퇴행적이며 의존적인 성향을 반영함. 즉, 자기 부적절감을 많이 느껴 우울한 감정도 있음.
- 나뭇가지의 모양으로 보아 대인관계 상호작용에 심한 부적절감을 나타냄.
- 손가락 숫자가 4개인 것으로 보아 세상에 대한 통제를 얻는 데 있어 부적절감을 느끼고 있음.

◆ DAP

DAP ①

[그림 81]

DAP ②

[그림 82]

◆ 진단
- 몸이 기울어진 것으로 보아 불안정감과 우울감이 있는 것으로 생각됨.

- 눈의 윤곽만 있고 눈동자가 생략된 것으로 보아 내적인 공허감을 반 영하며 타인의 감정을 알고 싶지도, 자신의 감정도 보이고 싶지도 않 음을 나타냄.
- KFD, K-HTP, DAP에서 모두 팔이 어깨가 아닌 몸통 중간에서 나온 것과 두 다리의 크기가 다른 것으로 보아 정신지체 혹은 신경학적 장 애, 사고장애를 동반한 정신증적 상태에 있는 것으로 생각됨.
- 입 모양으로 보아 대인관계 상호작용에서의 무기력감과 수동적인 태 도를 보임.
- 발 방향으로 보아 양가감정, 즉 갈등이 심함.

4. 치료사의 소견 및 총 평가

◆ 팔이 어깨가 아닌 몸통 중간에서 나온 것으로 보아 신경학적 장애, 사고장애를 동반한 정신증적 상태에 있는 것으로 생각됨. 이로 인한 정상적인 대인관계, 상호작용이 매우 어려울 것으로 생각됨. 따라서 또래집단 간의 부적응적인 면과 불안정감, 우울감이 있는 것으로 생 각됨. 뿐만 아니라 가족에 의해 위로를 받을 수 없다는 감정으로 내적 인 공허감을 반영하고 있음. 무엇보다 병원(소아정신과)에서 신경학 적인 문제를 정확히 진단하는 것이 우선시되며 그다음 정서적인 문 제(대인관계, 상호작용, 불안정감, 우울감, 공허감)를 미술치료 프로그램 으로 다스려야 할 것으로 생각됨.

22 ADHD와 발달장애를 가진 17세 남학생 사례

1. 내담자의 가족사항 및 특징

◆ 나이(학년): 17세(고등 1년)

◆ 성별: 남

◆ 가족사항

부(45세, 회사원), 모(42세, 주부), 내담자, 남동생(14세, 중등 1년)이 있다.

2. 의뢰 사유

◆ ADHD

◆ 발달장애로 상담 의뢰

3. 그림 진단

◆ KFD

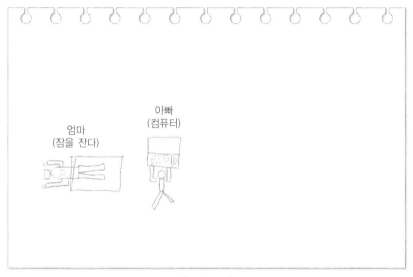

[그림 83]

◆ 진단

- 내담자에게는 가족으로 지각되고 있는 대상이 엄마, 아빠뿐이며 엄마는 이불로, 아빠는 컴퓨터로 모두 포위시킨 것으로 보아 두려움의 존재로 지각됨. 특히 아빠의 손이 생략된 것으로 보아 아빠에게 맞은 경험이 있는 것으로 생각됨.
- 아빠는 뒷모습으로 나타난 것으로 보아 아빠에 대해 부정적으로 지각하고 있음.
- 동생과 본인이 생략된 것으로 보아 가족으로 지각되지 않고 있으며, 이는 가족 간의 자존감이 많이 손상되어 있는 것으로 유추됨. 즉, 동생과 본인이 칭찬을 받지 못하고 늘 지적과 꾸중을 듣는 것이 자존감을 낮추는 원인으로 생각됨.

– 부, 모의 얼굴표정이 생략된 것으로 보아 가족 내에서 느끼는 갈등이
나 정서적 어려움을 회피하거나 거리감을 두려는 시도로 보임.

◆ K–HTP

[그림 84]

◆ 진단
– 집의 형태가 뚜렷하게 나타나지 않는 것으로 보아 인지 발달의 문제
와 현실과의 접촉 문제는 다소 있으나 문과 창문이 나타나므로 자기
표현 및 상호작용을 하는 데 있어 폐쇄적인 태도이거나 단절하는 태
도는 아님.
– 집이 우측에서 절단된 것으로 보아 생활공간으로부터의 일탈과 사회
생활에 잘 적응하지 못함을 나타냄.
– 필압으로 보아 우울한 감정이 있으며 사람을 부, 모로 묘사하여 배드
민턴 하는 모습을 나타내므로 부, 모와의 갈등 장면이 내담자에게 많
이 지각되어 있는 것으로 생각됨.

- 나무 기둥의 위쪽 부분을 갈라서 그린 것으로 보아 세상 속의 자기 자
  신에 대한 혼란감을 느끼고 있는 것으로 생각됨.
- 나무 기둥을 종이 밑면까지 그린 것으로 보아 자기 자신의 내적 자원
  을 통해 안정감을 얻지 못하고 무언가 외적인 자원을 통해 안정감을
  얻고자 하는 욕구를 의미하며, 의존적인 성향과 상당한 자기 부적절
  감, 이와 관련된 우울감을 시사함.
- 구름으로 보아 답답한 마음을 반영함.

◆ DAP

[그림 85]   [그림 86]

◆ 진단
- 남녀 성별이 구별되는 것으로 보아 9세 이상 수준의 연령을 반영함.
- 줄넘기로 포위한 것으로 보아 자신을 통제하려고 부단히 노력함. 코
  의 선이 정상적이지 못하며 귀의 생략으로 보아 정서적 자극을 받아

들이고 느끼고 자신의 감정을 표현하는 데 대해 불안하고 자신 없으며, 때문에 사회적 상황이나 감정교류 상황을 회피하고 위축되는 경향을 반영함.

- 사람의 도식화가 정상적이지 못함(생략된 부위가 많음). 즉, 인지 발달의 문제가 있음. 따라서 지적 능력이 7~9세 정도의 그림 특징임.
- 빗, 주먹 쥔 손 등은 여성적인 공격성을 나타냄.
- 다리를 종이 밑면까지 그린 것으로 보아 내면의 불안정감이 심함.
- 다리가 긴 것으로 보아 과잉행동성 혹은 과잉추구적인 행동을 통해 현실 대처능력과 관련된 부적절감을 과잉 보상하려는 욕구를 반영함.

4. 치료사의 소견 및 총 평가

◆ 상기한 내용으로 보아 내담자의 지적 능력의 연령 수준은 7~9세로 보이며 난화구성(형태구성, 내용구성이 되는가를 알아볼 수 있는 기법)에서 심상의 발달인 상징성의 발달이 어느 정도까지는 되어 있으므로 내담자에게 맞는 특수교육으로 접근하면 통합성의 발달도 기대해 볼 수 있는 것으로 생각됨. 정서적인 측면에서는 자존감이 매우 낮고 그로 인한 자기 불적절감과 우울감이 있는 것으로 보임. 뿐만 아니라 자신의 발달장애로 인한 현실 대처능력과 관련된 부적절감이 과잉 보상적으로 나타나는 행위가 과잉행동성과 주의집중력결핍(ADHD)으로 나타나는 것이라고 판단됨.

　내담자에게는 치료적 접근보다는 교육적 접근으로 발달을 돕는 미술치료 기법을 활용함이 필요하고 심상의 발달단계인 1단계, 감각수준과 운동능력 수준을 활용한 미술치료 기법으로 자존감을 향상시키고 치료사와의 상호작용을 통한 지속적인 미술치료를 실시해야 한다고 생각됨.

23 관계형성과 집중력이 부족한 5세 여아 사례

1. 내담자의 가족사항 및 특징

- 나이(학년): 5세(50개월)
- 성별: 여
- 가족사항

부(37세, 회사원), 모(32세, 주부), 부부의 갈등이 심함.

2. 의뢰 사유

- 집중력 부족
- 또래와의 관계가 원만하지 못함.

3. 그림 진단

◆ KFD

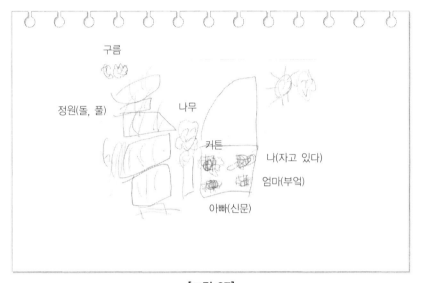

[그림 87]

◆ 진단

- 내담자는 자고 있고, 엄마는 부엌에, 아빠는 신문을 본다며 창문으로 구획 또는 포위시킨 것은 K-HTP에서 의자에 포위시키고 있는 맥락과 같으며 포위는 부모에 대한 두려운 감정이거나 가족관계에서 정서적으로 단절되어 있음을 의미함. 구획으로 볼 때 가정에서 상호 간의 적극적인 애정표현이 이루어지지 않거나 가족 간의 응집력과 상호작용이 부족한 가정일 수 있음. 커튼의 상징성으로 보아 가족 간의 애정적 교류가 원활하지 못한 것으로 생각됨. 내담자는 가정이 따뜻하고 화목하기를 갈망하고 있음.
- 구름으로 보아 경쟁적인 갈등으로 인하여 내담자는 많이 답답해하고 있음.

◆ K-HTP

[그림 88]

◆ 진단

- 태양으로 보아 강한 애정욕구 및 이에 대한 좌절감을 나타냄.

- 지붕의 크기가 큰 것은 내적 인지 활동을 매우 강조하거나 중요하게
  여김을 의미할 수 있으므로 대인관계에서 좌절감을 느끼고 위축되어
  내면의 공상 속에서 즐거움과 욕구충족을 추구하는 경향을 나타냄.

- 창문을 4개 그린 것으로 보아 관계를 맺는 것에 대해 실제로는 불안감
  을 느끼면서도 이를 과도하게 보상하려고 노력하고 있음을 의미함.

- 나무의 옹이는 성장과정에서 경험한 외상적 사건, 자아의 상처를 의
  미함.

- 나뭇가지가 없는 것으로 보아 세상과의 상호작용에 있어서 매우 억제
  되어 있음을 의미함. 사회적으로 심하게 위축되어 있거나 자기 혹은
  자기 대상(부모)에 대해서도 위축감과 우울감을 느끼고 있음.

- 가족(3명)을 의자에 포위시킨 것으로 보아 가족 이외의 대인관계 접촉

이 많지 않은 것으로 보이며 정서적 긴장 및 정서적 교류가 충족되지 못함을 내담자가 지각하고 있는 것으로 생각됨. 이로 인해 또래집단 간의 상호작용이 원활하지 못할 것으로 유추됨.

◆ DAP

| [그림 89] | [그림 90] |

◆ 진단
- 여성(동성)을 먼저 그리는 것으로 보아 성역할의 발달이 잘되고 있으나 동글이 그림이 나타나는 것으로 보아 발달에 있어서 다소 늦다고 생각됨.
- 콧구멍을 강조하므로 공격성이 내재되어 있는 것으로 보이며 입을 벌리고 있는 모습에서 타인의 애정을 지나치게 원하며 친밀한 관계에 너무 몰두하고자 함을 나타내며 치아를 드러냄은 만 5세가 되지 않은 내담자이므로 별 문제가 되지 않는 것으로 판단됨.

4. 치료사의 소견 및 총 평가

◆ 상기한 내용으로 보아 내담자는 외상적 경험(부부간의 갈등으로 인한 내담자가 겪는 불안감)이 있는 것으로 보이며 가족 간의 정서적 교류에 문제가 있는 것으로 생각됨. 만 5세가 되지 않아 그림 진단을 하기에는 다소 어려움이 있으나 가족 간의 정서적 교류에 관한 문제가 또래 관계의 형성에도 반영되는 것으로 판단됨. 따라서 위축감이 있고 이로 인한 공격성도 나타나고 있음. 내담자의 정상적인 발달을 돕고자 하는 예방차원에서도 발달을 돕는 교육적 미술치료가 필요하다고 생각되며, 무엇보다도 부모의 욕심을 버리고 내담자의 정서를 파악하여 지도하는 것이 우선시되어야 함.

24 학교폭력을 당한 16세 남학생 사례

1. 내담자의 가족사항 및 특징

- 나이(학년): 16세(중등 3년)
- 성별: 남
- 가족사항

부(48세, 자영업), 모(45세, 자영업), 큰누나(20세, 대학생), 작은누나(18세, 고등학생), 내담자가 있다.

2. 의뢰 사유

- 중1 – 선배로부터 집단구타를 당함.
- 중3 – 친구들에게 폭행을 당함.

3. 그림 진단

◆ KFD

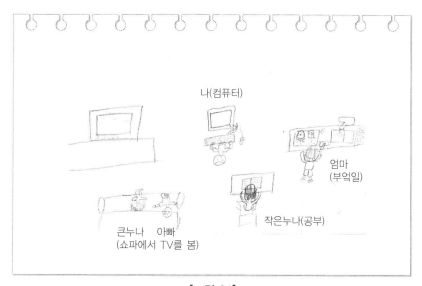

[그림 91]

◆ 진단

- 내담자가 중심에 위치한 것으로 보아 가정의 중심인물임.
- 작은누나, 엄마에 대해서는 뒷모습으로 나타낸 것으로 보아 부정적으로 인식되고 있음.
- 엄마와 아빠의 거리가 먼 것으로 보아 부모와의 사이에서 원활한 의사소통이 이뤄지지 않은 것으로 보임.
- 그림이 지면의 아래쪽에 접해 있는 것으로 보아 불안감과 낮은 자신감으로 인해 지지에 대한 욕구가 큼.

◆ K-HTP

[그림 92]

◆ 진단

- 지붕의 빗금 친 모양으로 보아 집착적인 성향 및 불안감이 내재되어 있는 것으로 보임.

- 격자무늬의 창문으로 보아 집 안에 있는 것에 대한 답답함, 숨막힘을 나타냄.

- 지붕 위에 있는 창문으로 보아 자신의 모습이 드러나는 것을 감추고 싶어 함을 의미할 수 있으며 내적인 고립감과 위축감을 시사함.

- 집의 지면선이 생략된 것으로 보아 현실과의 접촉에 문제가 있음을 나타냄.

- 창문이 4~5개로 나타난 것으로 보아 관계를 맺는 것에 대해 실제로는 불안감을 느끼면서 이를 과도하게 보상하려고 노력함을 의미함.

- 우측이 절단된 나무는 과거로부터 미래로 도피하려는 욕구와 자신의 감정을 솔직하게 표현하거나 경험하는 것을 두려워하며 행동에 대한

강한 통제를 보일 때가 많음.

- 나무의 열매로 보아 인정받고자 하는 욕구가 강함.
- 주먹 쥔 손과 작대기로 보아 내적 공격성과 행동상의 공격성이 나타남.
- 코 생략으로 보아 자신이 타인에게 어떻게 보일지에 매우 예민하고 두려워함을 의미함. 이로 인해 사회적 상황에서 위축되고 지나치게 회피적임.
- 옆모습으로 보아 반 긍정, 반 부정으로 자존감이 낮은 것으로 생각됨.
- 나무의 상흔으로 보아 심리적 외상을 경험한 것으로 유추됨.

◆ DAP

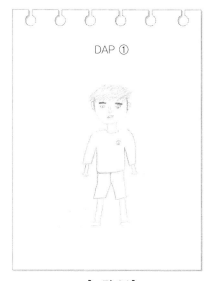

[그림 93]

[그림 94]

◆ 진단
- 눈동자, 눈썹, 콧구멍을 강조한 것으로 보아 공격성이 많은 것으로 나타남.

- 필압이나 포켓 등은 우울증적인 요소를 상징하고 있음.
- 발 방향으로 보아 양가감정에 시달리고 있음. 여성의 머리카락으로 보아 성에 대한 적대감이 있고 불안의 요소가 있음.
- 머리카락을 진하게 그린 경우 공격적인 태도를 보일 수 있음.

4. 치료사의 소견 및 총 평가

◆ 내적인 고립감과 위축감, 불안감과 낮은 자신감으로 인해 자신이 타인에게 어떻게 보일지에 매우 예민하고 두려워함을 의미함. 이로 인해 사회적 상황에서 위축되고 지나치게 회피적임. 또한 심리적 외상을 경험한 것으로 자신의 감정을 솔직하게 표현하거나 경험하는 것을 두려워하며 행동에 대한 강한 통제를 보일 때가 많음. 자연스러운 표현이 되지 않고 가정에서의 답답함(이해받지 못함, 특히 어머니의 태도에 대한 부정적인 인식) 등이 내담자를 또래집단에 빠지게 하는 원인이기도 함. 어머니가 내담자에 대해 많이 불안해하고 있음. 내담자에게는 공격성이 내재되어 있을 뿐만 아니라 행동적인 면에서도 공격성이 많이 나타나고 있음. 이는 우울증적인 요소 때문으로 유추함. 내담자에게는 우울과 불안 감소(공격성 감소)를 위한 미술치료 프로그램과 내적 자원 계발과 자존감 향상을 위한 지속적인 미술치료가 필요하다고 생각됨.

25 야뇨증과 정서적 불안을 가진 11세 여아 사례

1. 내담자의 가족사항 및 특징

◆ 나이(학년): 11세(초등 4년)

◆ 성별: 여

◆ 가족사항

부(42세, 회사원), 모(38세, 주부), 언니(13세, 초등 6년), 내담자, 남동생 (7세, 유치원생)이 있다. 부부간의 갈등이 심함.

2. 의뢰 사유

◆ 자존감이 약함.

◆ 정서적인 불안, 걱정이 많음.

◆ 손톱을 물어뜯는 행동

◆ 야뇨증

3. 그림 진단

◆ KFD

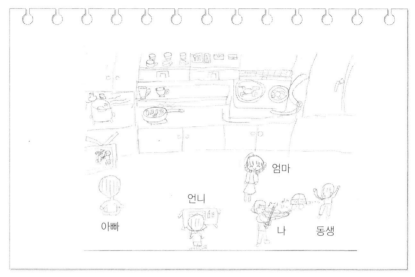

[그림 95]

◆ 진단

- 세부묘사를 과도하게 함. 가스레인지, 싱크대 배치, 그릇 등으로 강박
  적인 경향성이 보임. 또는 과도하게 억제하는 경향이기도 함.
- 자기 주변 세계가 불확실하고 예측할 수가 없고 위험하다고 느끼기
  때문에 자신의 내적 혹은 외적 혼란함과 불안감을 방어하기 위해 질
  서정연하고 구조화된 세계를 묘사하고 있는 것으로 유추됨.
- 부와 모 사이의 거리감이 있어 보여 부부간의 정서적 교류가 잘되지
  않는 것으로 유추됨.
- 가족 모두 상호작용이 잘 안 되고 있고 특히 부와 언니에 대해 뒷모습
  을 보인 것으로 보아 부정적으로 인식하고 있음.

◆ K-HTP

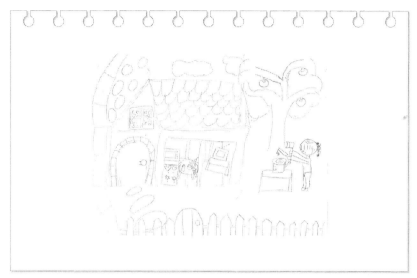

[그림 96]

◆ 진단

- 실내 내부가 보이는 형태와 벽의 선으로 보아 자기통제력을 상실하고 현실검증력에 문제가 있는 것으로 생각됨.
- 지붕의 기와로 보아 강박적인 경향이거나 공상에 많이 몰두되어 있고 이는 내적으로 우울한 내담자들이 보이는 소망 충족적 공상과 내적 공상이 관련된 불안감을 시사하는 것으로 생각됨.
- 울타리는 심리적으로 불안정하여 방어 상태를 나타냄.
- 구름으로 보아 경쟁적인 갈등, 즉 답답함이 있는 상태로 보이며 도끼로 보아 공격성이 내재되어 있음.
- 나뭇가지를 크게 그린 것으로 보아 성취동기나 포부수준이 매우 높거나 혹은 환경과의 상호작용에서 자신이 없고 불안하지만 이를 과잉 보상하려 함. 실제로 과잉 활동적인 행동을 보일 수도 있음.
- 문보다 창문의 위치가 높은 것으로 보아 자신의 모습이 드러나는 것

을 감추고 싶어 함을 의미함. 내적인 고립감과 위축감을 시사함.
- 나무의 열매로 보아 사랑과 관심을 받고 싶거나 주고 싶어 함.
- 코 생략으로 보아 타인의 시선에 매우 예민함.

◆ DAP

DAP ①

DAP ②

〈생략〉

[그림 97]

◆ 진단
- 눈동자 생략은 감정교류 소통의 채널을 좁혀 버린 것을 의미하며 스스로 타인의 감정을 공유하고 자신의 감정을 표현하는 데 있어 어떤 제약이나 스스로의 한계를 느끼고 있음.
- 속눈썹은 타인과 정서적으로 교류하는 것에 과민해져 있거나 집착하는 경향성이 있음을 시사함.
- 목이 짧은 것으로 보아 스스로를 통제해야겠다는 생각은 있으나 이러한 의지에 너무 압도되어 억제되고 위축됨을 시사함.
- 귀 생략은 자신의 감정을 표현하는 데 대해 불안하고 자신이 없으며

사회적 상황이나 감정교류 상황을 회피하고 위축적인 경향을 반영함.
특히 언니와의 갈등이 심하며 열심히 공부하고 착실한 언니에게 더
위축감을 느낌.

4. 치료사의 소견 및 총 평가

◆ 내담자에게는 내적 위축감으로 인하여 우울과 불안한 감정의 요소가
많고 이로 인해 자기통제력을 잃어버려 때로는 과잉행동 및 공격성
이 나타날 수도 있음. 또한 사랑과 관심을 주고받고 싶어 하지만 아빠
의 관심 부족과 부모와의 갈등으로 인해 중간 순위에 있는 내담자는
위축감이 심하고 애정결핍으로 인한 자존감이 매우 낮은 상태로 생
각됨. 따라서 대인관계에서의 자신감 부족으로 타인의 감정을 공유
하고 자신의 감정을 표현하는 데 있어 어떤 제약이나 스스로의 한계
를 느끼므로 타인과 정서적으로 교류하는 것에 과민해져 있거나 집
착하는 경향성이 나타남. 그러므로 관계는 더욱더 악순환의 상태(공
격성, 왕따 등)가 됨. 자존감 향상 프로그램과 대인관계(사회성) 향상을
목적으로 하는 미술치료가 필요하다고 판단됨.

26 소근육 발달이 늦고 학업에 흥미가 없는 10세 남아 사례

1. 내담자의 가족사항 및 특징

◆ 나이(학년): 10세(초등 3년)

◆ 성별: 남

◆ 가족사항

부(42세, 건축업), 모(37세, 주부), 내담자가 있다.

2. 의뢰 사유

◆ 소근육 발달이 또래보다 늦음.

◆ 학습에 흥미가 없고, 끝까지 고집을 부림.

◆ 친구들과 잘 어울리지 못함.

◆ 야뇨증

3. 그림 진단

◆ KFD

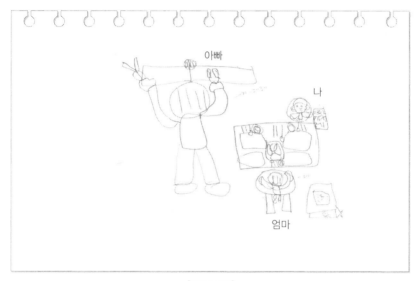

[그림 98]

◆ 진단

- 고기를 굽고 있는 뒷모습의 아빠를 그린 것으로 아빠를 부정적으로 지각하는 것으로 보이며 아빠의 크기가 가장 큰 것으로 보면 힘 있고 권위 있는 대상으로 느끼고 있음.

- 식탁 옆에 국어문제지를 펼쳐 놓고 동그라미로 포위된 내담자를 그린 것으로 보아, 통제받고 있는 상태에 스트레스를 갖고 있으며 자신에 대해 불안해함.

- 아래쪽에 뒷모습을 보인 채로 포위된 모를 그린 것으로 보아 모에 대해서도 상당히 두려워하는 대상으로 지각하고 있음.

- 가스레인지 불은 화를 상징하며 모가 화를 많이 내는 것으로 유추됨.

◆ K-HTP

[그림 99]

◆ 진단

– 집의 벽이 기울어진 것으로 보아 자기통제력이 매우 약화되어 있고 현실검증력이 불안함.

– 자신의 모습이 드러나는 것을 감추고 싶어 함을 의미하며 창문의 생략으로 보아 내적인 고립감과 위축되어 있음을 반영함.

– 나무의 가지 생략, 뿌리 생략, 나무 모양 등으로 보아, 발달적 미성숙을 의미하며 사과나무를 그린 것으로 보아 강한 애정욕구 및 이에 대한 좌절감을 나타냄.

– 집을 구석에 몰아서 그린 것으로 보아 위축감, 두려움, 자신 없음을 나타냄.

– 집안의 내부를 다시 그린 점, 화석, 83세의 사람 등을 나타내는 것도 현실검증력이 떨어지고 공상과 같은 자신의 세계에 들어와 있음.

◆ DAP

DAP ①

[그림 100]

DAP ②

[그림 101]

◆ 진단

- 두 팔의 크기 차이와 두 다리의 크기 차이가 있는 것으로 보아 발달이
  지체됨을 의미함.

- 목 생략으로 보아 인지적 활동이나 신체적 반응에 대한 통제력이 약
  화되어 신체적 행동의 통합이나 조절이 부족한 상태, 즉 사고장애의
  가능성을 시사함.

- 어깨 생략으로 보아 스스로 책임지는 것에 대해 매우 자신 없어 하고
  부적절감을 느끼며 책임지는 상황을 회피하고자 함.

- 발가락의 투명성을 나타낸 것으로 보아 발달지체를 의미하는 것으로
  생각됨.

- 입 모양으로 보아 대인관계 상호작용에서의 무기력감과 수동적인 태
  도를 나타냄.

- 중앙의 옷 단추를 강조한 것으로 보아 모의 의존성을 반영함.

4. 치료사의 소견 및 총 평가

◆ 내담자는 발달지체로 보이며 발달지체로 인한 사회 적응력이 떨어지
고 많이 위축되어 있음. 이로 인한 과잉행동성도 나타남. 내담자의
발달수준에 맞는 정서적 교류 방법 및 발달을 촉진하는 미술치료 기
법과 지속적인 교육을 병행해야 할 것으로 생각됨.

27 스트레스를 많이 받고 머리카락을 뽑는 17세 남학생 사례

1. 내담자의 가족사항 및 특징

◆ 나이(학년): 17세(고등 1년)

◆ 성별: 남

◆ 가족사항

부(46세, 회사원), 모(42세, 주부), 내담자, 남동생(14세, 중등 1년)이 있다.

2. 의뢰 사유

◆ 스트레스를 많이 받고, 머리카락을 뽑음.

◆ 중학교에서 왕따를 당함.

◆ 소극적인 성격

3. 그림 진단

◆ KFD

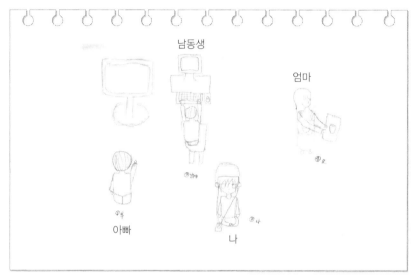

[그림 102]

◆ 진단

- 부모의 인물상 간의 거리로 보아, 상호작용이 별로 없고, 친밀감의 형성이 부족하고 심리적인 거리감이 나타남.

- 부와 남동생의 뒷모습과 주먹 쥔 손으로 보아, 부와 남동생에 대한 부정적 태도와 억압된 분노감을 나타냄.

- 가족 모두의 얼굴표정을 생략한 것으로 보아, 가족 내에서 느끼는 갈등이나 정서적 어려움을 회피하거나 거리감을 두려는 시도로 보임.

- 내담자가 이어폰으로 음악을 듣고 있는 모습으로 보아 가족 간의 소통이 잘되지 않은 것으로 보임.

- 가족의 위치로 보아, 가족 내에서의 상호작용이 전혀 되지 않고 정서적 교류가 원활하지 못한 것으로 보임.

– 모만 활동성을 보임.

◆ K-HTP

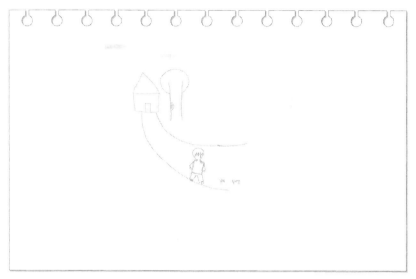

[그림 103]

◆ 진단

– 집과 나무는 좌측 상단, 사람은 아래쪽에 치우친 것으로 보아, 퇴행적 인 경향성과 위축감, 불안감이 있고 우울증 상태에 있을 수 있음.

– 창문을 생략한 것으로 보아 대인관계에서 주관적인 불편함을 느끼고 다분히 위축되어 있음을 나타냄.

– 벽의 선이 고르지 못함으로 보아 자기통제력이 매우 약화되어 있고 현실검증력이 불안정함.

– 자신이 집보다 아래쪽에 위치함으로 보아 가족관계 속에서 수용되지 못하고 거부당하는 느낌과 애정욕구에 대한 좌절감, 열등감, 부적절 감, 자기존중감과 자기가치감의 결여를 나타냄.

– 멀리 떨어져 있는 집으로 보아 현재 자신의 가족 상황에 대해 대처할

수 없다는 무력감을 느끼고 있음.

- 나무 기둥의 옹이로 보아 성장과정에서 경험한 외상적 사건, 자아의 상처를 의미함.
- 뿌리의 생략으로 보아 현실 속에서 자기 자신에 대한 불안정감, 자신 없음을 나타냄.
- 나뭇가지의 생략으로 보아 세상과의 상호작용에 있어서 매우 억제되어 있으며 사회적으로 심하게 위축되어 있거나 자기 혹은 자기 대상에 대해서도 위축감과 우울감을 느끼고 있음.
- 얼굴은 옆모습이고 몸은 정면인 그림으로 보아 우울한 감정으로 인해 퇴행을 나타내는 것으로 유추됨.

◆ DAP

DAP ①

[그림 104]

DAP ②

[그림 105]

◆ 진단

- 필압과 좌측으로 기울어진 그림으로 보아 우울증적인 요소를 나타냄. 눈을 크게 그린 것으로 보아, 타인과 정서적 교류를 하는 데 지나치게 예민함을 나타냄.

- 귀의 생략으로 보아 정서적 자극을 받아들이고 느끼고 자신의 감정을 표현하는 데 대해 불안하고 자신이 없으며, 때문에 사회적 상황이나 감정교류 상황을 회피하고 위축되는 경향을 나타냄.

- 가로선 하나를 그은 입 모양으로 보아 타인과의 정서적 교류에서 무감각하고 냉정한 태도를 취함.

- 단추로 보아 자신의 내적 힘이 제한되어 있고, 안정감을 얻기 위해 타인에게 의존하고 있으며 자신을 세상에 드러내 보이는 데 자기 대상(모)의 도움을 받고자 하는 욕구를 나타냄.

- 남자상에서의 팔 길이 차이로 보아 세상과의 교류능력이나 대처능력에 대한 양가감정(갈등)을 나타냄.

- 주먹 쥔 손으로 보아 교류나 소통, 대처와 관련된 무력감과 분노감, 공격성을 나타냄.

4. 치료사의 소견 및 총 평가

◆ 가족관계 속에서 수용되지 못하고 거부당하는 느낌과 애정욕구에 대한 좌절감 등으로 대인관계에서도 다분히 위축되어 세상과의 상호작용에 있어서 매우 억제되고 이로 인한 따돌림과 괴롭힘을 당하므로 심리적 외상 및 교류, 소통, 대처에 대해 매우 무력감을 갖고 있음. 따라서 우울과 우울로 인한 퇴행성이 보이며 자기통제력과 현실검증력이 매우 약화되어 있음. 모와의 관계개선, 가족 간의 소통 및 정서적 유대감이 필요하며, 우울완화를 위한 미술치료를 실시함이 필요하다고 판단됨.

28 한 가지 활동에 집착하고 같은 행동을 반복하는 7세 남아 사례

1. 내담자의 가족사항 및 특징

◆ 나이(학년): 7세(유치원생)

◆ 성별: 남

◆ 가족사항

부(38세, 고등학교 교사), 모(35세, 초등학교 교사), 내담자, 동생(5세, 어린이집)이 있다.

2. 의뢰 사유

◆ 유치원에서 한 가지 활동에 집착함.

◆ 또래 아동과 어울리지 못함.

◆ 같은 행동을 반복함.

◆ 주변 정리가 잘 안 됨.

3. 그림 진단

◆ KFD

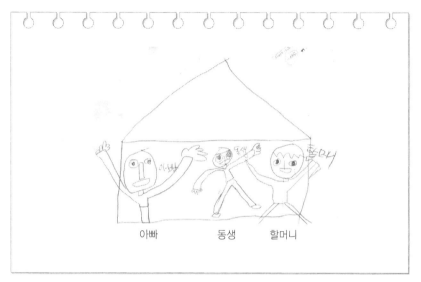

아빠　　　　동생　　　할머니

[그림 106]

◆ 진단

- 가족의 중심은 부와 남동생, 할머니이며 엄마와 내담자 사이의 갈등 의 중재(개입) 역할을 할머니가 하는 것으로 보임.
- 모와 내담자를 생략한 것으로 보아 내담자는 모와의 갈등적인 관계 (양가감정)를 느끼고 있음.
- 가족 모두 귀를 생략한 것으로 보아 가족 간의 정서적 교류, 상호 소 통이 원활하지 못한 것으로 보임.

◆ K–HTP

[그림 107]

◆ 진단

- 문이나 손잡이 생략으로 보아 다른 사람이 자기 자신의 삶, 세계 안에 들어오는 것에 대해서, 또 자기 스스로 세상 속으로 나아가는 것에 대해서 불안감 혹은 저항감을 느끼며 자기만의 세계에 고립되고 위축되어 있음을 의미함.
- 벽의 형태가 견고하지 못한 것으로 보아 자아강도가 약화되어 있고 자기통제력이 매우 약화되어 현실검증력이 불안정함.
- 나무 기둥을 기울어지게 그린 경우 내적 자아의 힘이 어떤 외적인 요인에 의해 손상되거나 압박을 받고 있다는 느낌을 가지고 있음.
- 뿌리 생략으로 보아 현실 속에서의 자기 자신에 대한 불안정감, 자신 없음을 나타냄.
- 나뭇가지 생략으로 세상과의 상호작용에 있어서 매우 억제되어 있음을 나타냄.

- 눈동자가 진한 것으로 보아 감정적 교류에 있어서 불안감과 긴장감을 느끼고 있거나 타인과의 상호작용에서 의심이나 방어적인 태도의 경향성이 있음.
- 몸통이 긴 것으로 보아 과잉행동성을 보임으로써 스스로 내적 힘이 부족하다는 느낌을 과잉 보상하려 함.

◆ DAP

[그림 108]

[그림 109]

◆ 진단
- 사람의 크기가 작은 것으로 보아 자아약소, 열등감을 품고 환경에 응답함.
- 귀 생략으로 보아 정서적 자극을 받아들이고 느끼고 자신의 감정을 표현하는 데 대해 불안하고 자신이 없으며, 때문에 사회적 상황이나 감정교류 상황을 회피하고 위축되는 경향을 나타냄.
- 두 팔의 크기가 다른 것으로 보아 세상과의 교류능력이나 대처능력에

대한 양가감정을 나타냄.

- 팔의 위치로 보아 타인과의 교류를 갈망하기는 하나 자기중심적이어서 산만함으로 나타냄.

- 목이 작은 것으로 보아 스스로를 통제해야겠다는 생각은 있으나 이러한 의지에 너무 압도되어 억제되고 위축됨.

- 입이 큰 편으로 보아 타인과의 정서적 교류, 애정적 교류에 있어서 불안감을 느끼지만 과도하게 적극적이고 주장적이고 심지어 공격적인 태도를 취함으로써 자신의 불안감을 보상하고자 함.

4. 치료사의 소견 및 총 평가

◆ 내담자의 발달 상태는 양호한 편이나 부의 대인관계성에서의 예민함이 내담자에게도 있는 것으로 보이고, 특히 모의 예리한 관찰력과 체면 등으로 내담자를 지적함이 내담자를 위축되고 약하게, 그리고 무력감을 느끼게 하는 것으로 생각됨. 따라서 자신의 감정을 표현하는데 대해 불안하고 자신이 없으며 사회적 상황이나 감정교류 상황을 회피하고 때로는 불안감을 보상하는 산만한 행동 등이 나타나기도 함. 치료사와의 상호작용 기법을 활용한 정서적 발달을 돕는 미술치료가 필요함.

29 거짓말을 하고 부모님과의 갈등이 있는 10세 여아 사례

1. 내담자의 가족사항 및 특징

◆ 나이(학년): 10세(초등 3년)
◆ 성별: 여
◆ 가족사항

부(39세, 회사원), 모(37세, 학교 공무원), 내담자, 남동생(6세, 유치원생)이
있다.

2. 의뢰 사유

◆ 부모님과의 갈등
◆ 거짓말
◆ 학습에 대한 부정적 태도

3. 그림 진단

◆ KFD

아빠

엄마

동생

나

[그림 110]

◆ 진단

– 부모와의 거리가 멀게 그려짐으로 보아 상호작용이 별로 없고 친밀감
의 경험이 부족하여 심리적인 거리감을 느끼고 있음.

– 동생과 내담자의 발 생략으로 보아 가족 내에서의 세상에 혼자 독립
적으로 서는 것에 대한 심한 부적절감을 느끼고 때로는 현실 지각의
왜곡이 있을 가능성도 보임.

– 내담자 자신을 검사지 하단 구석(가장자리)에 그린 것으로 보아 불안
정감, 자신 없음, 타인에게 지지 받고자 하는 욕구, 의존적인 경향, 스
스로 독립적으로 행동하는 것에 대한 두려움이 있으며 과거와 관련된
우울한 감정을 나타냄. 가정 내에서의 친밀감 경험 부족으로 정서적
안정감이 부족하고 소통의 문제가 있는 것으로 보임.

◆ K-HTP

[그림 111]

◆ 진단

- 격자창문으로 보아 가정 내에서의 소통의 문제에 답답함을 느끼고 있음.

- 벽의 선이 견고하지 못함으로 보아 자아강도가 약화되어 있고 자기통제력이 취약해져 있음.

- 집의 위치로 보아 가족관계 속에서 수용되지 못하고 거부당하는 느낌과 애정욕구에 대한 좌절감, 열등감, 자기가치감의 결여가 나타남.

- 마주 보고 있는 나무의 옹이로 보아 상당한 자아의 손상감과 상처를 유발했던 외상적 경험이 있는 것으로 생각됨.

- 나뭇가지의 생략으로 보아 세상과의 상호작용에 있어서 매우 억제되어 있으며 사회적으로 심하게 위축되어 있거나 자기 혹은 자기 대상에 대해서도 위축감과 우울감을 느끼고 있음.

- 나무 기둥을 종이 밑면까지 그린 것으로 보아 자신의 내적 자원에

서 안정감을 얻지 못하고 무언가 외적인 자원을 통해 안정감을 얻고
자 하는 욕구를 의미하며, 좀 더 미숙하고 퇴행적이며 의존적인 성향
을 반영함.

- 우측이 절단된 나무로 보아 과거에서부터 미래로 도피하려는 욕구와
  자신의 감정을 솔직하게 표현하거나 경험하는 것을 두려워하며 행동
  에 대한 강한 통제를 보일 수가 있음.
- 숨바꼭질, 구름 등의 내용으로 보아 잘하려고 하는 경쟁적인 갈등도
  있어 보임.

◆ DAP

[그림 112] [그림 113]

◆ 진단
- 사람의 팔 길이, 굵기의 차이로 보아 세상과의 교류능력이나 대처능
  력에 대한 양가감정(갈등)을 나타내고 있으며 신경학적(우울증과 같은)
  문제도 의심됨.

- 머리의 크기가 큰 것으로 보아 자신의 지적 능력에 대해 불안감을 느끼지만 이를 과도하게 보상하려는 욕구를 의미하며, 과시적으로 표출하거나 내적인 소망 충족적 공상에만 과도하게 몰두할 가능성이 있음.
- 귀의 생략으로 보아 정서적 자극을 받아들이고 느끼고 자신의 감정을 표현하는 데 대해 불안하고 자신이 없으며 사회적 상황이나 감정교류 상황을 회피하고 위축되는 경향이 있음.
- 다리를 짧고 가늘게 그린 것으로 보아 세상에 대처하는 데 대한 부적절감, 억제경향성 및 수동적인 태도를 보임.

4. 치료사의 소견 및 총 평가

◆ 내담자는 가정 내에서 부모와의 상호작용 및 정서적 유대관계가 부족해 보이며, 이로 인해 가족관계 속에서 수용되지 못하고 애정욕구에 대한 좌절감으로 세상과의 상호작용에서도 매우 억제되어 있음. 뿐만 아니라 어릴 때 외상 경험이 있는 것으로 보이며, 이로 인한 자아 손상감이 크고 자기통제력이 취약해져 좀 더 미숙하고 퇴행적이며 우울감을 나타냄. 도벽도 정서적 불안감이 커서 충동성의 표현으로 나타나는 것으로 생각됨. 상호작용 및 우울완화 미술치료 기법으로 지속적인 미술치료가 필요하다고 판단됨.

30 모와의 잦은 갈등이 있는 10세 여아 사례

1. 내담자의 가족사항 및 특징

◆ 나이(학년): 10세(초등 3년)
◆ 성별: 여
◆ 가족사항
부(39세, 회사원), 모(38세, 가정주부), 언니(13세, 초등 6년), 내담자, 남동생(7세, 유치원생)이 있다.

2. 의뢰 사유

◆ 모와의 잦은 갈등
◆ 모가 자녀를 통제하기 어렵다고 함.

3. 그림 진단

◆ KFD

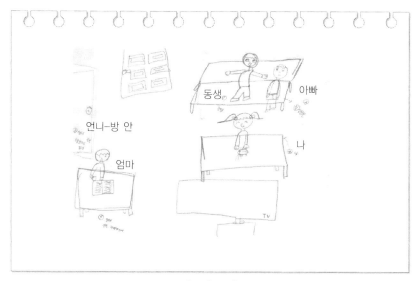

[그림 114]

◆ 진단
- 언니는 방 안에서 공부하고 있다며 그리지 않은 것으로 보아 언니와의 갈등관계가 있어 보임.
- 부와 남동생의 위치로 보아 남성본위, 아들 중심의 가정으로 보임.
- 신문을 보면서 커피를 마시고 있는 모의 위치로 보아 모와 내담자는 거리감이 있는 것으로 보임.
- 부, 모의 거리감이 있는 위치로 보아 부, 모와의 갈등도 있는 것으로 유추됨.
- 가족 간의 위치, 귀의 생략으로 보아 가족 상호 간의 정서적 유대 및 의사소통이 원활하지 않은 것으로 보임.

◆ K-HTP

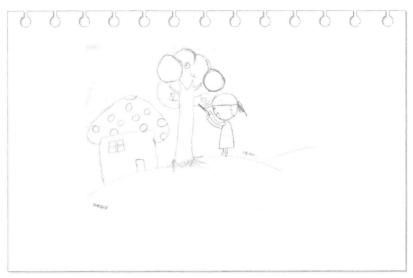

[그림 115]

◆ 진단

- 지표면으로 보아 상당한 스트레스를 받고 있는 상태임.

- 문보다 높은 위치의 창문으로 보아 내적인 고립감과 위축감을 갖고
  있음.

- 벽의 선이 휘어짐으로 보아 자기통제력이 매우 약화되어 있고 현실검
  증력이 불안정함. 따라서 산만한 행동을 할 수 있음.

- 부착(집, 나무, 사람)으로 보아 자신의 생활 속에서 여러 가지 중요한
  일들을 분리할 수 없고 해결할 수 없다는 것을 나타냄. 자신의 생활
  문제를 해결할 수 없고 만성적으로 충족되지 않은 불만스러운 생활을
  의미함.

- 집의 지면선 생략으로 보아 현실과의 접촉에 문제가 있음을 나타냄.

- 나무 기둥의 기울기로 보아 내적 자아의 힘이 어떤 외적인 요인에 의
  해 손상되거나 압박을 받고 있다는 느낌을 가지고 있음.

- 뿌리의 강조로 보아 자기 자신에 대해 불안정하게 느끼지만 이에 대해 과도하게 보상하려고 시도함.
- 사과나무로 보아 애정욕구와 의존욕구가 매우 높고 사랑에 목말라 있는 상태임.
- 머리의 크기가 큰 것으로 보아 자신의 지적 능력에 대해 불안감을 느끼지만 이를 과도하게 보상하고자 하는 욕구가 있음.
- 막대기와 주먹 쥔 손으로 보아 공격성이나 억압된 분노감을 나타내며, 공격적이고 조절되지 않은 행동을 보일 소지가 있음.

◆ DAP

[그림 116]   [그림 117]

◆ 진단
- 이성을 먼저 그린 것으로 보아 성역할의 혼란을 갖고 있음.
- 여자상에서의 팔의 생략으로 보아 정신증적으로 퇴행되어 지각적인 왜곡이 일어나고 있거나, 매우 우울하여 현실에서 위축되어 있거나,

과도한 무력감과 부적절감을 느끼고 있을 가능성이 높음.

- 귀의 생략으로 보아 정서적 자극을 받아들이고 느끼고 자신의 감정을 표현하는 데 대해 불안하고 자신 없어 하며, 때문에 사회적 상황이나 감정교류 상황을 회피하고 위축되는 경향이 있음.

- 남자상에서 두 팔의 길이 차이로 보아 세상과의 교류능력이나 대처능력에 대한 양가감정(갈등)을 나타내며 신경학적인(우울) 문제의 가능성도 보임.

- 다리를 종이 밑면까지 그린 것으로 보아 내면의 불안정감이 심함.

4. 치료사의 소견 및 총 평가

◆ 남동생의 출생으로 인해 모에 대한 애정욕구의 불만이 원인이 되어 가정형편이나 상황에 대한 불만감 등이 나타나며 현실과의 접촉에 문제가 나타나는 것으로 생각됨. 내적으로 많이 위축되어 있고 이를 보상하기 위한 공격적이고 조절되지 않는 행동을 보일 소지가 높음. 자존감 향상과 우울한 감정을 완화하는 미술치료 기법으로 10회기 이상의 지속적인 미술치료를 실시할 필요가 있다고 판단됨.

31 수업시간에 혼자 돌아다니고 신경질적인 10세 남아 사례

1. 내담자의 가족사항 및 특징

◆ 나이(학년): 10세(초등 3년)

◆ 성별: 남

◆ 가족사항

부(42세, 회사원), 모(42세, 공무원), 형(14세, 중등 1년), 내담자이다.

2. 의뢰 사유

◆ 수업시간에 혼자 돌아다님.

◆ 형과 싸움으로 인해 신경질적일 때 있음.

3. 그림 진단

◆ KFD

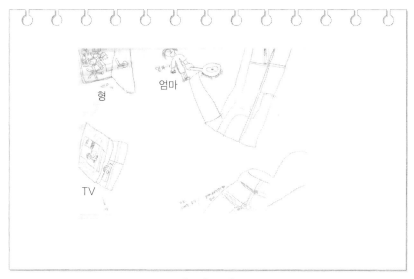

[그림 118]

◆ 진단

– 구획으로 보아 가정 내에서 상호 간의 적극적인 애정표현이 잘 이루어지지 않거나 가족 간의 응집력과 상호작용이 부족함.

– 내담자의 생략으로 보아 자신이 가족 구성원으로서 잘 지각되지 못함.

– 부의 생략으로 보아 아빠와의 양가감정을 느끼거나 갈등적인 관계가 있는 것으로 보임.

– 모와 형의 귀 생략 및 위치로 보아 가족 내에서 원만한 정서적 교류가 잘되지 않으며 원활한 의사소통이 잘 이루어지지 못함을 시사함.

– 형을 책상과 의자로 포위한 것으로 보아 형과의 정서적 단절을 의미함.

◆ K-HTP

[그림 119]

◆ 진단

- 지붕 위의 창문으로 보아 내적인 고립감과 위축감을 나타냄.

- 벽의 선이 휘어진 것으로 보아 자기통제력이 매우 약화되어 있고 현실검증력이 불안정함.

- 지붕의 기와 빗금으로 보아 강박적인 경향을 나타내며 불안감이 심함.

- 집의 위치로 보아 가족관계 속에서 수용되지 못하고 거부당하는 느낌과 애정욕구에 대한 좌절감, 열등감, 부적절감, 자기존중감, 자기가치감의 결여를 나타냄.

- 마주 보는 옹이로 보아 자아의 상당한 손상감과 상처를 유발했던 외상적 경험이 있었던 것으로 판단됨.

- 나무 뿌리가 드러남(투명성)으로 보아 현실검증력의 손상을 나타냄.

- 뿌리의 강조로 보아 실제로는 자기 자신에 대해 불안정하게 느끼지만

이에 대해 과도하게 보상하려는 시도로 보임.

– 머리의 크기가 큰 것으로 보아 자신의 지적 능력에 대해 불안감을 느끼지만 이를 과도하게 보상하고자 하는 욕구가 있어 과시적으로 표출하거나 소망 충족적 공상에 과도하게 몰두할 가능성이 있음.

– 콧구멍으로 보아 대인관계 상호작용에서 매우 미성숙한 태도와 공격적인 행동을 보일 소지가 높음.

– 책걸상에 앉은 사람(자신을 포위함)으로 보아 행동을 통제하려는 의지는 있으나 인지발달의 미숙함(원근법의 미숙)이나 그로 인한 상처 때문에 의지대로 잘되지 않는 것으로 유추됨.

◆ DAP

[그림 120]

[그림 121]

◆ 진단

– 턱의 생략으로 보아 대인관계에서 수동적이며 쉽게 위축됨을 의미함.

– 눈썹과 눈 모양으로 보아 공격적인 태도와 내재된 화가 있음을 나타냄.

- 치아가 보임으로 보아 정서적인 욕구 충족, 애정욕구 충족에 있어서 심한 좌절감을 느끼고 이후 또 상처받지 않을까 하는 불안감을 느끼고 있음.
- 남여 모두 좌측으로 기울어짐으로 보아 내성적이며 여성적인 경향을 나타냄.
- 속눈썹으로 보아 타인과 정서적으로 교류하는 것에 과민해져 있거나 집착하는 경향성을 나타냄.
- 어깨의 생략으로 보아 스스로 책임지는 것에 대해 매우 자신 없어 하고 부적절감을 느끼며 책임지는 상황을 회피하고자 함.
- 팔 길이의 차이와 굵기의 차이로 보아 세상과의 교류능력이나 대처능력에 대한 양가감정(갈등)이 있으며 신경학적인 문제도 의심스러움.
- 여자상에서 다리의 음영처리로 보아 내담자는 모의 활동성에 불안감을 갖는 것으로 유추됨.
- 여자상에서 귀 생략으로 보아 모와의 감정교류 상황을 회피하고 위축되는 경향이 있는 것으로 보임.

4. 치료사의 소견 및 총 평가

◆ 내담자는 6세 이전 부모와의 상호작용 및 정서적 교류가 원활하지 않은 관계로 정서적 발달 및 인지적 발달이 미숙한 것으로 보임. 이로 인해 또래관계와 학습에 적응력이 떨어져 지적 능력에 대한 불안감이 심하고, 아울러 자아의 손상감과 상처를 유발했던 외상적 경험이 있는 것으로 판단됨. 정서적 발달 및 인지적 발달을 촉진하는 교육 및 미술치료가 지속적으로 필요하다고 생각됨.

32 정서적인 불안정감을 나타내는 15세 여학생 사례

1. 내담자의 가족사항 및 특징

◆ 나이(학년): 15세(중등 2년)

◆ 성별: 여

◆ 가족사항

부(38세, 회사원), 모(37세, 녹즙기를 파는 영업직), 내담자, 남동생(12세, 초등 5년)이 있다.

2. 의뢰 사유

◆ 정서적인 불안정감(표정이 어둡고, 짜증, 화, 자살충동적인 말)

◆ 원만하지 못한 대인관계(또래, 모와의 갈등)

◆ 남 탓을 많이 함.

3. 그림 진단

◆ KFD

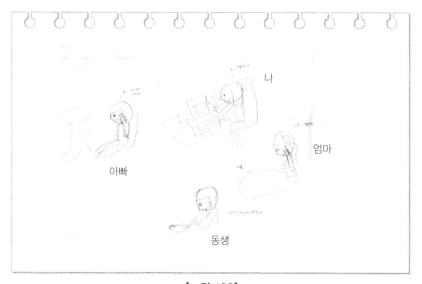

[그림 122]

◆ 진단

- 각자 일을 하고 있는 가족의 위치로 보아 가족 간의 정서적 교류 및 의사소통(상호작용)이 원활하지 못한 것으로 보임.
- 가족을 포위시킨 것으로 보아 가족 간의 정서적 단절이 있어 보임.
- 부, 모의 위치로 모아 부부간에도 정서적 거리감이 있는 것으로 보임.

◆ K-HTP

[그림 123]

◆ 진단

- 집이 기울어진 것으로 보아 자아가 위협받는 데 대한 두려움, 불안이 있고 예민하거나 자기를 통제하고자 하는 과도한 욕구가 있음.
- 벽의 선을 비스듬히 그린 것으로 보아 자기통제력이 매우 약화되어 현실검증력이 불안정함.
- 나무 기둥이 기울어진 것으로 보아 내적 자아의 힘이 어떤 외적인 요인에 의해 손상되거나 압박을 받고 있다는 느낌을 가지고 있음.
- 나뭇가지 생략은 세상과의 상호작용에 있어서 매우 억제되어 있거나 사회적으로 심하게 위축되어 있음을 나타냄.
- 사람의 크기가 매우 작은 것으로 보아 내담자 내면에 열등감, 부적절감이 있거나 자신이 없고 자기효능감이 부족하며, 매우 수줍어하거나 사회적 상황에서 불안감을 느끼고 지나치게 억제되어 있음.
- 스스로 통제해야 한다는 압박감을 느끼고 있을 가능성이 있음.

◆ DAP

DAP ①

[그림 124]

DAP ②

[그림 125]

◆ 진단

- 여자상에서 귀 생략으로 보아 정서적 자극을 받아들이고 느끼고 자신
  의 감정을 표현하는 데 대해 불안하고 자신이 없으며, 때문에 사회적
  상황이나 감정교류 상황을 회피하고 위축되는 경향이 있음.
- 혜 벌리고 있는 입 모양으로 보아 대인관계 상호작용에서의 무기력감
  과 수동적인 태도를 취함.
- 남자상에서는 목이 머리에는 연결되어 있지만 몸과는 떨어져 있는 것
  으로 보아 자신의 이성과 사고가 행동을 제대로 통제하고 있지 못함
  을 의미함.
- 수직선으로 보아 자신의 내적인 힘이나 유능감과 관련하여 불안하고
  긴장되어 있음.
- 두 손이 생략된 것으로 보아 세상이나 타인과 교류하고 싶은 소망이
  있지만 스스로 이러한 교류에 대해 통제감이나 효능감이 없고 불안하

며 부적절감을 느끼고 있음.

- 대처기술 자체가 비효율적이고 부적절함이 매우 심함.
- 신체 윤곽의 균형이 조화롭지 못한 것으로 보아 자기응집성의 느낌이
  결여됨을 나타냄.
- 몸통의 필압이 약함으로 보아 대인관계에서 위축되어 있음을 나타냄.
- 팔을 몸에 딱 붙여 그린 것으로 보아 경직성과 억제경향성을 나타냄.

4. 치료사의 소견 및 총 평가

◆ 내담자는 대상관계(3세 이전 양육자와의 관계, 모)에 문제가 있는 것으로 보이며, 그로 인한 자기애적 우울이 있는 것으로 생각됨. 따라서 자기중심적인 관점에서 사물(세상)을 보기 때문에 대인관계에 문제가 많은 것으로 생각되며, 내적으로는 현실검증력이 불안정하여 객관적이지 못하고 매우 주관적이 되므로 남 탓을 하게 됨. 상호작용 기법을 통한 미술치료로 상실된 대상(모)과의 관계를 회복시키는 것이 우선시되어야 하며 치료자와의 정서적 교류 및 상호작용을 통한 지속적인 미술치료가 필요함.

33 자존감이 낮고 우울증을 겪고 있는
16세 여학생 사례

1. 내담자의 가족사항 및 특징

- 나이(학년): 16세(중등 3년)
- 성별: 여
- 가족사항

부(45세, 회사원), 모(38세, 프리랜서), 내담자, 남동생(14세, 중등 1년), 여동생(11세, 초등 4년)이 있다.

2. 의뢰 사유

- 학교에서의 또래관계 형성에 어려움을 겪고 있고 자기존중감이 낮아 자신감이 없고 우울하며 매사에 활력을 잃음. 현재 우울증약 복용 중.

3. 그림 진단

◆ KFD

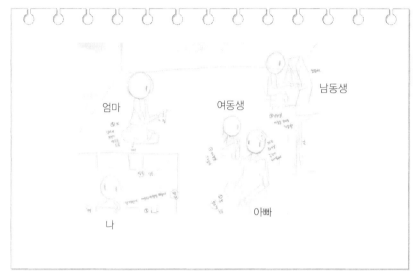

[그림 126]

◆ 진단

- 자신을 방으로 포위한 것으로 보아 가족 간의 정서적 단절이 있으며
  자신만의 세계로 고립되어 있는 것으로 보임.
- 머리카락의 생략으로 보아 외모에 대해 자신이 없고 이로 인해 위축
  감을 느끼고 있음.
- 얼굴표정의 생략은 가족 내에서 느끼는 갈등이나 정서의 어려움을 회
  피하거나 거리감을 두려는 시도로 보임.
- 가족 모두의 발을 생략한 것으로 보아 가족 내에서의 현실지각의 왜
  곡 등 역기능적인 문제가 있어 보임. 즉, 정서적 교류가 잘되지 않고
  있으며 상호작용이 잘 이루어지지 않아 내담자가 자신의 세계에 너무
  깊이 빠져 있어 대인관계에 문제가 나타나는 것으로 생각됨.

◆ K-HTP

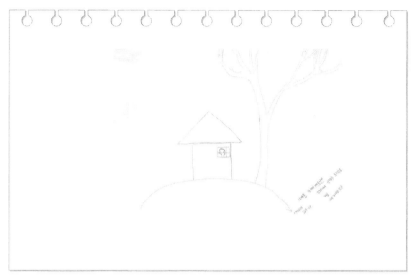

[그림 127]

◆ 진단

- 언덕 위의 집, 나무, 사람으로 보아 불안의 요소가 강하며 강박적인 증상이 있는 것으로 유추됨.
- 집 안의 사람으로 보아 현실검증력의 문제가 있어 보임.
- 문의 생략으로 보아 다른 사람이 자기 자신의 삶, 세계 안에 들어오는 것에 대해서, 또 자기 스스로 세상 속으로 나아가는 것에 대해서 불안감 혹은 저항감을 느끼며 자기만의 세계에 고립되고 위축되어 있음.
- 집의 지면선 생략으로 보아 현실과의 접촉에 문제가 있음.
- 멀리 보이는 집으로 보아 현재 자신의 가족 상황에 대해 대처할 수 없다는 무력감을 느끼고 있음.
- 나무 기둥이 너무 휘어지거나 기울어진 것으로 보아 내적 자아의 힘이 어떤 외적인 요인에 의해 손상되거나 압박을 받고 있다는 느낌을 가지고 있음.

- 분열된 나무(기둥이 2개 이상 갈라짐)로 보아 세상 속의 자기 자신에 대한 혼란감, 자기분열감을 시사함.

- 뿌리의 생략으로 보아 현실 속에서의 자기 자신에 대한 불안정감, 자신 없음을 나타냄.

- 가지의 모양으로 보아 환경으로부터의 만족을 추구하는 것을 두려워하고 있으며 만족추구의 원천을 자기 자신의 공상 세계 속에서 찾고자 함.

- 잎은 없고 가지만 길쭉하게 그린 것으로 보아 지나치게 내향적이고 위축되어 있어 사회적으로 위축됨을 나타냄.

◆ DAP

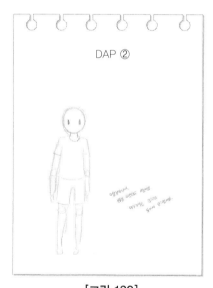

[그림 128]   [그림 129]

◆ 진단

– 인물이 좌측 하단에 위치함으로 보아 비관적, 억제적 감정을 나타냄.

– 관절의 표시로 보아 강박증적 혹은 분열증적 증상과 같은 신체 개념
  의 곤란을 나타냄.

– 코의 생략으로 보아 자신이 타인에게 어떻게 보일지에 매우 예민하고
  두려워함. 이로 인해 사회적 상황에서 위축되고 지나치게 회피적임.

– 입의 생략으로 보아 애정교류에 있어서 심한 좌절감이나 무능력감,
  위축감, 양가감정을 느끼고 있으며 부모와 같은 대상과의 관계에 상
  당한 갈등이나 애정결핍이 있음을 나타냄.

– 귀의 생략으로 보아 정서적 자극을 받아들이고 느끼고 자신의 감정을
  표현하는 데 대해 불안하고 자신이 없으며, 때문에 사회적 상황이나
  감정교류 상황을 회피하고 위축되는 경향이 있음.

– 필압으로 보아 우울증적 요소를 가지고 있음.

4. 치료사의 소견 및 총 평가

◆ 내담자는 가족 내에서의 정서적 단절 및 현실지각 왜곡 등의 문제로
  현실검증력 및 대인관계성 문제를 나타내는 것으로 보이며 강박증적
  인 요소와 세상 속의 자기 자신에 대한 혼란감, 자기분열감을 보이고
  있으므로 정신과의 약물치료가 병행되어야 할 것으로 판단됨.

34 감정교류가 어렵고 휴대폰에 집착하는 17세 여학생 사례

1. 내담자의 가족사항 및 특징

- ◆ 나이(학년): 17세(고등 1년)
- ◆ 성별: 여
- ◆ 가족사항

부(46세, 공무원), 모(46세, 공무원), 내담자, 여동생(14세, 중등 1년)이
있다.

2. 의뢰 사유

- ◆ 폰에 집착
- ◆ 학습능력 부족
- ◆ 온라인상에서 사람들과 메일 주고받음.
- ◆ 감정교류 어려움.

3. 그림 진단

◆ KFD

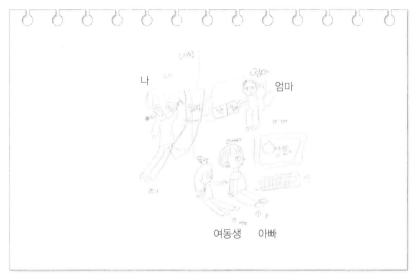

[그림 130]

◆ 진단

- 가족화에서 그림을 우측으로 치우쳐 그린 것으로 보아 감정을 통제하
  려는 경향이나 억제적 경향을 나타내며 권위적 대상에 대한 부정적이
  고 반항적인 경향을 나타냄.
- 내담자만 분리된 그림으로 보아 가족과의 정서적 단절이 되어 있고
  가족에서 혼자 고립되어 있는 것으로 보임.
- 가족 모두 귀가 있으나 내담자만 귀가 생략된 것으로 보아 내담자를
  제외하고 가족 간의 소통이 이루어진다고 지각되고 있고 가족 간의
  정서적 자극을 받아들이고 느끼고 자신의 감정을 표현하는 데 대해
  불안하고 자신이 없으며 감정교류 상황을 회피하고 위축되는 경향을
  반영함.

◆ K-HTP

[그림 131]

◆ 진단

- 벽의 선이 비스듬함으로 보아 자기통제력이 매우 약화되어 있고, 현실검증력이 불안정할 수 있음.
- 창문이 문보다 높은 위치에 있는 것으로 보아 내적인 고립감과 위축감을 나타냄.
- 위에서 내려다보이는 집으로 보아 사회적인 가치규준에 대해 거부적인 태도를 보이며 가정에서의 전통적인 가치에 대한 반감을 가지고 있음.
- 집 둘레에 나무들로 보아 안전감의 결여와 불안으로 방어벽을 나타냄.
- 나무 기둥의 기울어짐으로 보아 내적 자아의 힘이 어떤 외적인 요인에 의해 손상되거나 압박을 받고 있다는 느낌을 가지고 있음.
- 나무기둥의 윤곽선이 흐림으로 보아 정체성 상실, 자아붕괴에 대한

긴박감, 강한 불안감을 나타냄.

- 뿌리의 생략으로 보아 현실 속에서의 자기 자신에 대한 불안정감, 자신 없음을 나타냄.
- 두 눈을 생략한 것으로 보아 타인과의 감정을 교류하는 데 있어 극심한 불안감을 느끼고 회피하고 있음.
- 주먹 쥔 손으로 보아 교류나 통제, 대처와 관련한 부적절감과 무력감을 나타내며 분노감도 내재되어 있음.
- 헤 벌리고 있는 입 모양으로 보아 대인관계 상호작용에서의 무기력감과 수동적인 태도를 보임.

◆ DAP

[그림 132]

[그림 133]

◆ 진단
- 머리 크기가 큰 것으로 보아 자신의 지적 능력에 대해 불안감을 느끼지만 이를 과도하게 보상하고자 하는 욕구가 있어서 내적인 소망 충

족적 공상에만 몰두할 가능성이 있음.

- 속눈썹으로 보아 타인과 정서적으로 교류하는 것에 과민해져 있거나 집착하는 경향성이 있음.
- 여자상에서 손 생략으로 보아 세상이나 타인과 교류하고 싶은 소망이 있지만 스스로 이러한 교류에 대해 통제감이나 효능감이 없고 불안하며 부적절감을 느끼고 있고 대처기술 자체가 비효율적이고 부적절한 가능성이 있음.
- 몸의 기울어짐으로 보아 불안정감이 나타남.

4. 치료사의 소견 및 총 평가

◆ 가정 내에서의 정서적 단절과 고립화로 대인관계에서의 자신 없음과 무기력감, 타인과의 감정교류에 극심한 불안감을 나타내며 이러한 불안감이 휴대폰에 대한 집착성으로 나타나는 것이라고 판단됨. 상호작용 미술치료 기법으로 지속적인 대인관계 기술을 향상시키는 목적으로 미술치료가 필요함.

35 외로움을 많이 타고 뾰족한 물건에 대해 불안감을 느끼는 13세 남아 사례

1. 내담자의 가족사항 및 특징

◆ 나이(학년): 13세(초등 6년)

◆ 성별: 남

◆ 가족사항

부(44세, 회사원), 모(43세, 회사원), 누나(20세, 대학생), 내담자이다.

2. 의뢰 사유

◆ 뾰족한 것에 대한 두려움.

◆ 불안(혼자 있는 것에 힘들어하며 울음)

◆ 외로움

◆ 밥맛이 없음.

3. 그림 진단

◆ KFD

[그림 134]

◆ 진단

- 가족을 일렬로 나열한 것으로 보아 가족 간의 상호작용이 원활하지 않고 각자 다른 일을 하고 있음과 귀 생략으로 보아 정서적 교류가 잘 되지 않는 것으로 생각됨.
- 엄마와 누나의 발이 생략된 것으로 보아 엄마와 누나의 활동성에 대해서도 불안정해하는 것으로 보임.
- 가족 모두의 눈 주변 음영처리로 보아 보는 것에 대해 매우 불안정해하고 긴장되어 있음.
- 필압으로 보아 우울 성향이 많아 보이고, 가족 모두의 코 생략으로 보아 타인에게 어떻게 보일지에 매우 예민하고 두려워함을 의미함. 이로 인해 사회적 성향에서 위축되고 지나치게 회피적임.

◆ K–HTP

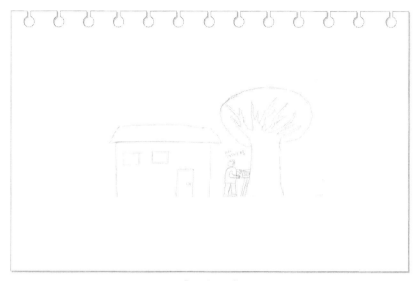

[그림 135]

◆ 진단

- 집의 지면선 생략으로 보아 현실과의 접촉에 문제가 있음.
- 창문의 위치로 보아 자신의 모습이 드러나는 것을 감추고 싶어 함을 의미할 수 있으며 내적인 고립감과 위축감이 있음.
- 벽이 견고하지 못하고 허술한 것으로 보아 자아강도가 약화되어 있고 자기통제력이 취약해져 있음.
- 나무 뿌리 생략은 현실 속에서의 자기 자신에 대한 불안정감, 자신 없음을 나타냄.
- 나무 기둥을 종이 밑면까지 그린 것으로 보아 자기 자신의 내적 자원을 통해 안정감을 얻지 못하고 무언가 외적인 자원을 통해 안정감을 얻고자 하는 욕구를 의미함. 따라서 좀 더 미숙하고 퇴행적이며, 의존적인 성향을 나타내며 자기 부적절감과 이와 관련된 우울감을 나타냄.

- 가지를 위로 뾰족하게 그린 것으로 보아 사회적으로 위축되어 있음.
- 나뭇가지가 큰 편으로 보아 성취동기나 포부수준이 매우 높거나, 혹은 환경과의 상호작용에서 자신이 없고 불안하지만 이를 과잉 보상하려고 하고 있으며 실제로도 과잉행동적인 태도를 보일 수 있음.
- 부착(집, 나무, 사람이 붙어 있음)으로 보아 자기 생활 속의 여러 가지 문제를 분리할 수 없고 스스로 해결할 수 없다고 느끼고 있음. 이는 모의 강박적인 경향과 태도에서 기인된 것으로 생각됨.

◆ DAP

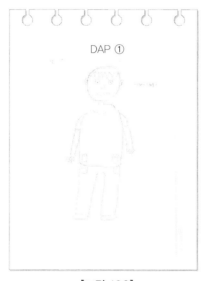 

[그림 136]　　　　　　　　　　　[그림 137]

◆ 진단
- 몸이 기울어진 것으로 보아 불안정함.
- 입의 크기가 큰 것으로 보아 타인과의 정서적 교류, 애정의 교류에 있어서 불안감을 느끼지만 과도하게 적극적이고 주장적이며 공격적인 태도를 취함으로써 역공포적으로 이러한 불안감을 보상하고자 함.

- 여자상에서의 귀 생략으로 보아 모와의 정서적 교류에도 다소 문제가 있는 것으로 추측됨.
- 그림의 획이 짧은 것으로 보아 충동성이 강하거나 과도하게 흥분을 잘하는 경향성이 있음.
- 눈의 모양으로 보아 타인의 감정을 알고 싶지도, 자신의 감정을 보이고 싶지도 않으므로 내적인 공허감을 반영하고 있음.
- 어깨 생략으로 보아 스스로 책임을 지는 것에 대해 매우 자신 없어 하고 부적절감을 느끼며, 책임지는 상황을 회피하고자 함.
- 필압과 두 팔의 크기가 다른 점, 포켓이 많은 것으로 보아 신경학적 문제(우울)가 있는 것으로 판단됨.
- 발(신발)의 모양으로 보아 자율성 발달이 매우 미숙한 수준임.

4. 치료사의 소견 및 총 평가

◆ 내담자는 우울한 감정이 많으며 이는 가족체계의 문제에서 기인된 것으로 보임. 부부체계에서 안정감이 부족하고 이로 인한 모의 강박적인 경향과 불안감이 심하여 사고의 불안이 있고 때로는 자기통제력 상실도 있어 내담자에게 부정적인 영향을 주고 있는 것으로 판단됨. 가족 내 정서적 교류의 소통이 원활해야 하며 사춘기 시기의 내담자에게는 남성의 모델링이 되는 부와의 관계와 부모교육의 일관성이 필요하다고 생각됨. 먼저 내담자는 우울완화를 위한 미술치료와 가족 간의 정서적 교류를 원활이 할 수 있는 모자간의 미술치료 프로그램으로 지속적인 미술치료가 필요하다고 판단됨.

36 학교생활이 부적응적이고 자기 고집이 강한 15세 남학생 사례

1. 내담자의 가족사항 및 특징

◆ 나이(학년): 15세(중등 2년)

◆ 성별: 남

◆ 가족사항

부(46세, 자영업), 모(42세, 주부), 내담자, 남동생(12세, 초등 5년)이 있다.

2. 의뢰 사유

◆ 학교생활(염색, 귀걸이)이 엉망

◆ 부모님의 말은 듣지 않음.

◆ 자기 고집이 강함.

◆ 컴퓨터 메신저 프로그램으로 연락하는 여자 친구가 있음.

3. 그림 진단

◆ KFD

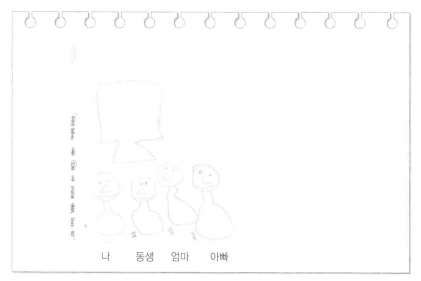

나   동생   엄마   아빠

[그림 138]

◆ 진단

- 그림이 좌측으로 기울어진 것으로 보아 충동적으로 행동하려는 경향
  성의 욕구와 충동의 즉각적인 만족을 추구하려는 경향성을 나타냄.
- 구석에 몰아서 그린 것으로 보아 가족 내에서 위축감, 두려움, 자신
  없음이 있으며 부와의 거리가 있는 것으로 보아 부와의 정서적 거리
  감이 있는 것으로 생각됨.
- 가족 모두 신체상이 왜곡된 것으로 보아 가정 내에서 폭력을 경험한
  것으로 유추됨.
- 가족을 일렬로 나열한 것으로 보아 가족 간의 상호작용 및 정서적 유
  대감이 부족한 것으로 보임.

◆ K-HTP

[그림 139]

◆ 진단

- 문을 생략한 것으로 보아 다른 사람이 자기 자신의 삶, 세계 안으로 들어오는 것에 대해서, 또 자기 스스로 세상 속으로 나아가는 것에 대해서 불안감 혹은 저항감을 느끼며 자기만의 세계에 고립되고 위축되어 있음.

- 창문을 생략한 것으로 보아 대인관계에 대한 주관적인 불편감이 있으며 대인관계에서 다분히 위축되어 있음.

- 벽의 선이 견고하지 못함으로 보아 자기통제력이 취약해져 있음.

- 특수한 집으로 보아 가정에 불만이 심함.

- 나무의 모양으로 보아 저항적이고 부정적인 태도를 보임.

- 나뭇가지의 생략으로 보아 세상과의 상호작용에서 매우 억제되어 있고 사회적으로 심하게 위축되어 있거나 자기 혹은 자기 대상에 대해서도 위축감과 우울함을 느끼고 있음.

- 뿌리의 생략으로 보아 현실 속에서 자기 자신에 대한 불안정감, 자신 없음을 나타냄.
- 귀의 생략으로 보아 정서적 자극을 받아들이고 느끼고 자신의 감정을 표현하는 데 대해 불안하고 자신 없으며 사회적 상황이나 감정교류에서 무감각하고 냉정한 태도를 취함.
- 팔이 어깨가 아닌 몸통 중간에서 그린 것으로 보아 정신지체, 신경학적 장애 혹은 사고장애를 동반한 정신증적 상태를 나타냄.
- 발의 생략으로 보아 세상에 혼자 독립적으로 서는 것에 대해 심한 부적절감을 느끼고 있음과 현실지각의 왜곡이 있을 가능성도 보임.

◆ DAP

[그림 140]

[그림 141]

◆ 진단
- 입 모양으로 보아 대인관계 상호작용에서의 무기력함과 수동적인 태도를 반영함.

- 여자상에서 팔을 새의 날개 모양처럼 그린 것으로 보아 현실지각의 왜곡, 사고장애나 신경학적 장애를 나타낼 가능성이 높음.
- 발가락을 선으로만 그린 것으로 보아 현실지각의 심한 왜곡, 사고장애나 신경학적인 장애, 정신지체를 나타낼 소지가 높음.
- 여자상에서 몸의 윤곽만 있고 속은 비워 둔 채로 그린 것으로 보아 세상과의 상호작용에 대한 심한 회피나 위축감, 혹은 공허감이 수반되는 우울장애나 자기 성취감이 매우 부족한 상태에 있을 가능성이 크며 정신지체, 신경학적인 장애나 사고장애를 갖고 있을 가능성도 의심됨.

4. 치료사의 소견 및 총 평가

◆ 사람 그림 모두 팔이 없거나 팔을 어깨가 아닌 몸통 중간에서 그린 것으로 보아 인지적 발달이 미숙한 것으로 생각되며 이로 인한 대인관계 문제, 현실지각의 심각한 왜곡 등이 나타나 자기만의 세계에 고립되고 위축되어 있음. 지적장애나 신경학적인 장애 등 정신과적 진단을 받아 볼 것을 권유함.

37 수업에 집중하지 못하는 9세 남아 사례

1. 내담자의 가족사항 및 특징

◆ 나이(학년): 9세(초등 2년)
◆ 성별: 남
◆ 가족사항
부(38세, 자영업), 모(38세, 주부), 내담자, 여동생(6세, 유치원생)이 있다.

2. 의뢰 사유

◆ 수업에 집중하지 못함.
◆ 친구들과 어울리는 데 문제가 있음.
◆ 자기 물건을 다루는 데 미숙함을 보이고 물건의 소중함을 모름.

3. 그림 진단

◆ KFD

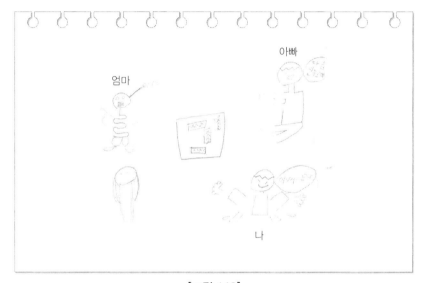

[그림 142]

◆ 진단

- 부모를 귀신으로 표현함을 보아 정서적 유대감이나 애정적 교류가 부족하며, 부모의 통제가 심한 것으로 지각되고 있음.

- 모의 치아로 보아 모에게 정서적인 욕구충족, 애정적 욕구충족에 있어서 심한 좌절감을 느끼고 이후 또 상처받지 않을까 하는 불안감을 느끼고 있음.

- 가족 간의 거리가 먼 것으로 보아 가족 간의 상호작용이 별로 없고 친밀감의 경험이 부족하고 심리적인 거리감을 느끼고 있을 가능성이 높음.

- 윷의 상징으로 보아 가족 혹은 가정 내에서의 생활 모두를 부정하거나 심리적 갈등이 심한 것으로 보임.

- "아싸 모다"라고 말하는 내담자의 모습으로 보아 과잉행동성이 보임.

◆ K-HTP

[그림 143]

◆ 진단

- 그림이 아래쪽으로 치우쳐 그려진 것으로 보아 내면에 상당한 불안정 감과 부적절감이 내면화되어 있거나 혹은 우울증적 상태에 있을 수 있음.

- 문보다 높은 창문의 위치로 보아 내적인 고립감과 위축감을 나타냄.

- 지붕의 기와로 보아 공상에 많이 몰두하거나 내적으로 우울한 내담자 가 보이는 소망 충족적 공상으로 때로는 자신의 공상이나 내적 인지 과정을 통제하지 못할지 모른다는 불안감이 있어 이를 보상하고자 하 는 의도일 수도 있음. 즉, 내적 공상과 관련된 불안감으로 보임.

- 집의 지면선 생략은 현실과의 접촉에 문제가 있음을 나타냄.

- 모서리에 태양이 있는 것으로 보아 부에 대한 강한 애정욕구 및 이에 대한 좌절감을 나타내고 있음.

- 나무 기둥을 종이 밑면까지 그린 것으로 보아 자기 자신의 내적 자원

을 통해 안정감을 얻지 못하고 무언가 외적인 자원을 통해 안정감을 얻고자 하는 욕구를 의미함. 좀 더 미숙하고 퇴행적이며 의존적인 성향을 반영함. 그러므로 상당한 자기 부적절감과 관련된 우울감을 나타냄. 나무의 뿌리를 생략한 것으로 보아 현실 속에서의 자기 자신에 대한 불안정감, 자신 없음을 나타냄.

- 나뭇가지의 뾰족함으로 보아 사회적으로 위축되어 있음.
- 눈동자의 강조로 보아 감정적 교류에 있어서 불안감과 긴장감을 느끼고 있거나 타인과의 상호작용에서 의심이나 방어적인 태도, 편집증적인 경향성이 있음.
- 귀의 생략으로 보아 정서적 자극을 받아들이고 느끼고 자신의 감정을 표현하는 데 불안하고 자신이 없으며, 때문에 사회적 상황이나 감정교류 상황을 회피하고 위축되는 경향을 반영함.
- 코의 생략으로 보아 자신이 타인에게 어떻게 보일지에 매우 예민하고 두려워함을 의미함. 이로 인해 사회적 상황에서 위축되고 지나치게 회피적임.
- 헤 벌리고 있는 입의 모양으로 보아 대인관계 상호작용에서의 무기력감과 수동적인 태도를 나타냄.
- 두 발을 생략한 것으로 보아 세상에 혼자 독립적으로 서는 것에 대한 심한 부적절감을 느끼고 때로는 현실지각의 왜곡을 보일 가능성이 있음.
- 두 팔의 크기가 다른 것으로 보아 세상과의 교류능력이나 대처능력에 대한 양가감정을 나타냄. 신경학적 상태 여부도 확인해야 함.

◆ DAP

DAP ①

[그림 144]

DAP ②

[그림 145]

◆ 진단

- 목이 머리에는 연결되어 있지만 몸과는 떨어져 있음으로 보아 자신의
  이성과 사고가 행동을 제대로 통제하고 있지 못함을 의미함.
- 눈을 가느다란 선으로 표현한 것으로 보아 감정교류 소통의 채널을
  좁혀 버린 것으로 스스로 타인의 감정을 공유하고 자신의 감정을 표
  현하는 데 있어 어떤 제약이나 스스로의 한계를 느끼고 있음.
- 두 다리의 크기 차이와 두 팔의 크기 차이로 보아 현실지각의 왜곡 또
  는 신경학적 장애, 정신적 상태를 의심해 봐야 함.

4. 치료사의 소견 및 총 평가

◆ 미숙함과 정서적 교류 및 가족 간의 상호작용이 원활하지 못함으로

인해 퇴행적이며 의존적인 성향을 반영하고, 그로 인한 현실 속에서의 자기 자신에 대한 불안정감, 자신 없음으로 사회적으로 위축되어 있음.

두 다리의 크기 차이나 두 팔의 크기 차이로 보아서 신경학적 장애나 발달지체, 정신증적 상태도 의심해 보아야 함. 정신과적 진단을 받아 볼 것을 권유함.

일차적으로 정서적 교류를 위한 상호작용 기법으로 정서적 발달을 촉진하는 지속적인 미술치료와 모와의 관계를 회복하는 모자체계 기법을 활용하여 정서적 문제(우울함과 불안감)를 다스려야 하며 자존감을 높이는 미술치료를 진행할 필요가 있다고 판단됨.

38 엉뚱한 질문을 하며 지나간 대화의 내용을 빈번히 애기하는 10세 남아 사례

1. 내담자의 가족사항 및 특징

◆ 나이(학년): 10세(초등 3년)

◆ 성별: 남

◆ 가족사항

부(37세, 자영업), 모(35세, 주부), 내담자, 남동생(7세, 유치원생)이다.

2. 의뢰 사유

◆ 수업시간 중 수업의 흐름을 방해함.

◆ 지나간 이야기를 다시 질문함.

3. 그림 진단

◆ KFD

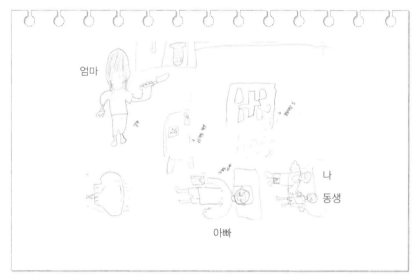

[그림 146]

◆ 진단

- 부엌일을 하며 칼을 들고 있는 모의 모습으로 보아 모의 공격적인 태도를 반영함.
- 모의 뒷모습으로 보아 모와의 갈등이 심한 것으로 생각됨.
- 가족을 구획화한 것으로 보아 가족 상호 간의 적극적인 애정표현이 잘 이루어지지 않고 가족 간의 응집력이 부족한 것으로 보임.
- 가족의 위치로 보아 가족 상호 간의 정서적 교류가 잘 이루어지지 않는 것으로 생각됨.
- 상호 소통이 잘 이루어지지 않는 것으로 생각됨.

◆ K–HTP

[그림 147]

◆ 진단

- 양쪽으로 여는 문을 그린 것으로 보아 세상과의 접근 가능성에 대한 불편감에 대한 과잉 보상성을 의미함.
- 창문의 생략으로 보아 대인관계에 대한 주관적인 불편함과 대인관계에서 다분히 위축되어 있음.
- 격자 모양의 문으로 보아 집에서의 생활에 답답함을 호소함.
- 벽이 견고하지 못하고 허술함으로 보아 자아강도가 약화되어 있고 자기통제력이 취약해져 있음.
- 나뭇가지의 단절로 보아 대인관계 상호작용에 대한 심한 부적절감이 있을 수 있음.
- 사과나무로 보아 애정욕구와 의존욕구가 매우 높고 다른 사람의 사랑에 목말라 있는 상태를 나타냄.
- 밭에 있는 고사리, 달래, 고구마가 일렬로 나열된 그림으로 보아 집착

성이나 강박증적인 성향도 보임.

- 낫으로 보아 내담자에게 공격적인 감정도 내재되어 있음.
- 기울어진 사람으로 보아 심리적으로 매우 불안정해 보임.
- 눈의 생략으로 보아 타인과의 감정을 교류하는 데 있어 극심한 불안 감을 느끼며 회피하고 있음.
- 귀의 생략으로 보아 정서적 자극을 받아들이고 느끼고 자신의 감정을 표현하는 데 대해 불안하고 자신이 없으며, 때문에 사회적 상황이나 감정교류 상황을 회피하고 위축되는 경향이 있음.
- 구름으로 보아 경쟁적인 갈등으로 인한 답답한 마음을 나타냄.

◆ DAP

[그림 148]

[그림 149]

◆ 진단

- 눈을 강조한 것으로 보아 감정적 교류에 있어서 불안감과 긴장감을 느끼고 있거나 타인과의 상호작용에서의 의심이나 방어적인 태도, 편

집중적인 경향성이 있음을 의미함.

- 여자상의 귀걸이로 보아 외모에 관심이 많음을 의미하며 대인관계 불안감을 강박적으로 보상하고자 하는 욕구를 나타냄.
- 코가 큰 것으로 보아 주변 사람과의 관계에서 정서적 자극에 너무 예민하거나 외모에 지나친 관심을 가짐.
- 입이 큰 것으로 보아 타인과의 정서적 교류, 애정적 교류에 있어서 불안감을 느끼지만 과도하게 적극적이고 주장적으로 나타내어 불안감을 보상하려고 함.
- 남자상에서 턱의 생략으로 보아 자기주장성이 부족하고 대인관계에서 수동적이며 쉽게 위축됨.
- 팔 길이의 차이로 보아 세상과의 교류능력이나 대처능력에 대한 양가감정을 나타낼 수 있으며 신경학적 문제도 의심스러움.
- 다리 길이의 차이로 보아 신경학적 장애, 정신증적 문제를 의심해 보아야 함.

4. 치료사의 소견 및 총 평가

◆ 가족 간의 정서적 교류가 잘되지 않고 모와의 갈등이 심한 것으로 보이며 이로 인한 타인과의 상호작용에서 불안감을 느끼고, 감정교류 상황을 회피하거나 위축되는 경향이 있음. 그러므로 내담자에게는 우울한 감정이 많은 것으로 보이며, 치료사와의 상호작용 기법과 모자체계진단법 등의 지속적인 미술치료가 필요하다고 판단됨.

39 친구들에게 왕따를 당하고 가족관계가 원만하지 못한 15세 여학생 사례

1. 내담자의 가족사항 및 특징

◆ 나이(학년): 15세(중등 2년)

◆ 성별: 여

◆ 가족사항

부(45세, 회사원), 모(39세, 주부), 내담자, 여동생(12세, 초등 5년)이다.

2. 의뢰 사유

◆ 따돌림을 당하는 상황

◆ 교실에서 매일 움.

◆ 학교에 가는 것이 고통스럽다고 함.

◆ 친구들이 매일 놀림.

3. 그림 진단

◆ KFD

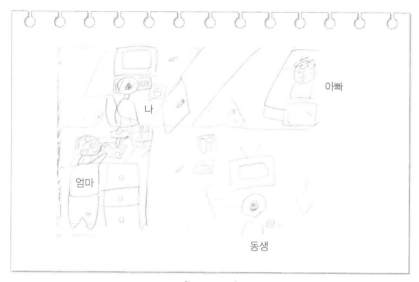

[그림 150]

◆ 진단

- 부엌일을 하고 있는 모, 침대에 누워서 TV 보는 여동생, 컴퓨터 하는 내담자. 가족을 구획화한 것으로 보아 가정에서 상호 간의 적극적인 애정표현이 이루어지지 않거나, 가족 간의 응집력과 상호작용이 부족함을 나타내며 외롭거나 억압된 분노감이 있을 수 있음.

- 내담자와 모, 동생이 뒷모습으로 나타난 것으로 보아 부정적 태도와 억압된 분노감이 내재되어 있는 것으로 보임.

- 얼굴표정을 생략한 것으로 보아 가족 내에서 느끼는 갈등이나 정서적 어려움을 회피하거나 거리감을 두려고 함.

- 가족 모두 팔 생략, 손 생략으로 보아 환경과의 상호작용에서 매우 억제적이거나 현실적 대처능력이 부족하며 이로 인한 부적절감과 무력

감을 느끼고 있음.

◆ K-HTP

[그림 151]

◆ 진단

– 벽의 선이 견고하지 못해 자기통제력이 매우 약화되어 있고 현실검증
  력이 불안정할 수 있음.

– 지붕의 크기가 작으므로 내적 인지과정이 활발하지 않거나 이에 대해
  회피하고 억제, 억압하는 경향성이 있음.

– 문보다 높은 위치에 있는 창문으로 보아 내적인 고립감과 위축감이
  있을 것으로 유추됨.

– 뿌리의 생략으로 현실 속에서의 자기 자신에 대한 불안정감, 자신 없
  음을 나타냄.

– 나뭇가지의 미숙함을 보아 세상과의 상호작용에 있어서 매우 억제되
  어 있고 사회적으로 심하게 위축되어 있거나 자기 혹은 자기 대상에

대해서도 위축감과 우울감을 느끼고 있음.

- 사과나무를 그린 것으로 보아 애정욕구와 의존욕구가 매우 높고 다른 사람의 사랑에 목말라 있는 상태를 나타냄.

- 부착(집, 나무, 사람)으로 보아 자신의 생활 속에서 여러 가지 중요한 일을 분리할 수 없고 해결할 수 없다는 것을 나타내며 만성적으로 충족되지 않은 불만스러운 생활을 나타냄.

- 눈을 진하게 그림으로써 감정적 교류에 있어서 불안감과 긴장감을 느끼고 있거나 타인과의 상호작용에서의 의심이나 방어적인 태도, 편집증적인 경향성이 있음.

- 귀를 생략해 정서적 자극을 받아들이고 느끼고 자신의 감정을 표현하는 것에 대해 불안하고 자신이 없으며, 때문에 사회적 상황이나 감정교류 상황을 회피하고 위축되는 경향이 있음.

- 두 팔의 크기가 다른 것으로 보아 세상과의 교류능력이나 대처능력에 대한 양가감정이 있으며 우울과 같은 신경학적 문제도 의심스러움.

◆ DAP

[그림 152]　　　　　　　　　　　[그림 153]

◆ 진단

- 감은 눈은 감정교류 소통의 채널을 좁혀 버린 것으로 스스로 타인의 감정을 공유하고 자신의 감정을 표현하는 데 있어 어떤 제약이나 스스로의 한계를 느끼고 있음.
- 남자상에서 코 모양으로 보아 고집이 세다고 보임.
- 가로선 하나로 된 입 모양은 타인과의 정서적 교류에서 무감각하고 냉정한 태도를 취함.
- 주먹 쥔 손은 교류나 통제, 대처와 관련한 부적절감과 무력감이 있으며 분노감과 화가 내재되어 있는 것으로 보임.
- 여자상에서 머리 크기가 큰 것은 자신의 지적 능력에 대해 불안감을 느끼지만, 이를 과도하게 보상하고자 하는 욕구가 있어서 반대로 과시적으로 표출하거나 소망 충족적 공상에 몰입함.
- 반원 형태의 발 모양은 자율성의 발달이 매우 미숙함을 나타냄.
- 여자상에서 팔을 몸에 딱 붙여 그린 그림은 경직성과 억제 경향이 있음.

4. 치료사의 소견 및 총 평가

◆ 가족 간의 애정표현과 상호작용이 부족하므로 정서적 교류가 잘되지 않고 이로 인한 환경과의 상호작용에서 매우 억제적이고 현실적 대처능력이 부족함. 따라서 내적인 고립감과 위축감이 심하여 현실 속에서의 불안정감과 자신 없음으로 나타나며 감정적 교류에서 불안감과 긴장감으로 타인과의 상호작용에서 의심이나 방어적인 태도, 편집중적인 태도를 보일 수 있음. 사랑에 목말라 있는 상태에 처해 있음. 정서적 교류 및 자율성을 키우는 상호작용 기법에 따른 미술치료와 자신감을 가질 수 있는 자존감 향상을 위한 미술치료를 우선적으로 실시할 필요가 있음.

40 정신집중이 되지 않고 산만한 14세 여학생 사례

1. 내담자의 가족사항 및 특징

◆ 나이(학년): 14세(중등 1년)

◆ 성별: 여

◆ 가족사항

부(51세, 자영업), 모(42세, 회사식당), 내담자, 남동생(12세, 초등 5년)이
있다.

2. 의뢰 사유

◆ 산만함과 집중력 부족

◆ 성적 하위권

◆ 친구들과 어울리기만 좋아하여 생활지도 및 자기정체성 확립을 위해
　의뢰함.

3. 그림 진단

◆ KFD

[그림 154]

◆ 진단

- 가장 위에 있는 부의 위치로 보아 가정 내에서 권위적인 존재로 인식
되며 부를 막대기 모양과 음영처리 된 인물로 나타낸 것으로 보아 부
에 대한 불안정감과 부적절감이 내재되어 있으며, 적대적이고 거부적
인 태도를 취하고 있는 것으로 생각됨.

- 좌측 상단에 자고 있는 모와 우측 상단에 있는 부의 위치로 보아 부와
모 간에 정서적 거리감이 있고 아래쪽에서 핸드폰을 만지고 있는 내
담자는 상당한 불안정감과 위축감으로 우울한 상태로 보임.

- 가족 모두 귀가 생략된 것으로 보아 가족 간의 의사소통 및 정서적 교
류가 전혀 되지 않고 있으며, 내담자는 기계(핸드폰)와의 교류만을 보
이므로 상당히 고립되어 있는 것으로 생각됨.

- 가족 모두 코가 생략된 것으로 보아 자신이 타인에게 어떻게 보일지에 대해 매우 예민하고 두려워하므로 사회적 상황에서 위축되고 지나치게 회피적임.
- 가족 모두 목이 생략된 것으로 보아 가족 모두가 통제력이 약화되어 감정조절이 부족한 상태로, 충동성이 있어 보임.
- 부의 입이 생략된 것으로 보아 부로부터 언어적 폭력이나 상처를 입은 것으로 유추됨.

◆ K-HTP

[그림 155]

◆ 진단
- 굴뚝의 연기로 보아 가정 내 불화나 가족 내에서의 정서적 긴장감을 반영함.
- 창문 생략으로 보아 대인관계에서 다분히 위축되어 있음.
- 나무의 옹이로 보아 외상적 사건을 경험하여 심리적 상처가 있는 것

으로 보임.

– 나뭇가지의 단절된 모양으로 보아 대인관계 상호작용에 대해 심한 부
적절감이 있음.

– 나무 기둥을 종이 밑면까지 그린 것으로 보아 자기 자신의 내적 자원
을 통해 안정감을 얻지 못하고 무언가 외적인 자원을 통해 안정감을
얻고자 하는 욕구를 의미하며, 좀 더 미숙하고 퇴행적이며 의존적인
성향을 반영함. 그러므로 우울한 감정을 가지고 있음.

– 나무 기둥이 기울어진 것으로 보아 내적 자아의 힘이 어떤 외적인 요
인에 의해 손상되거나 압박을 받고 있는 것으로 생각됨.

– 사람이 기울어진 것으로 보아 심리적으로 매우 불안정함.

◆ DAP

[그림 156]

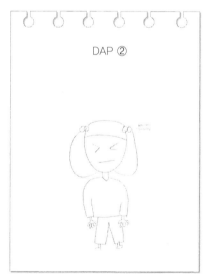

[그림 157]

◆ 진단

– 몸의 기울기, 팔 길이의 차이로 보아 세상과의 교류능력이나 대처능

력에 대한 갈등, 불안이 있음. 따라서 핸드폰과의 교류에 의존하고 있음.

- 남성을 먼저 그리는 것으로 보아 성역할의 혼란이 있는 것으로 생각되며 모의 역할 및 내담자와 모와의 상호 정서적 교류가 필요하다고 생각됨.
- 치아가 보이는 입 모양으로 보아 정서적 욕구 충족, 애정욕구 충족에 있어서 심한 좌절감을 느끼고 이후 또 상처받지 않을까 하는 불안감을 느끼며 이로 인한 타인과의 정서적 교류에서 무감각하고 냉정한 태도를 취하고 있음.
- 여자상에서 눈 모양으로 보아 감정교류 소통의 채널을 좁혀 버린 것으로 스스로 타인의 감정을 공유하고 자신의 감정을 표현하는 데 있어 어떤 제약이나 스스로의 한계를 느끼고 있음.
- 다리를 종이 밑면에 거의 닿게 그린 것으로 보아 내면의 불안정감이 심함.

4. 치료사의 소견 및 총 평가

◆ 내담자는 눈, 귀, 코 생략과 입 모양으로 보아 자존감이 매우 낮고 얼굴의 요소가 많이 생략된 가족을 그린 것으로 보아 상호 교류가 잘되지 않고 가족 간의 갈등 및 정서적 유대감이 부족하며 이로 인한 불안감이 많아 공부에 집중을 잘할 수 없는 것으로 판단됨. 뿐만 아니라 애정욕구 충족에 있어서 좌절감을 느끼고 특히 부로부터 언어적 폭력이나 상처를 입은 것으로 생각되며 따라서 상당한 불안감과 위축감을 느끼고 우울한 상태임. 정서적 교류는 부모와 관계에서 학습되는 면이 많으므로 가정 내에서의 정서적 교류방법 개선이 우선되어야 하며, 내담자에게는 자기존중감 향상 및 우울완화를 위한 미술치료 기법을 통한 10회 이상의 미술치료가 필요하다고 생각됨.

참고 문헌

권기덕, 김동연, 최외선(1993). 가족미술치료 이론과 실제. 서울: 도서출판 특수교육.

김동연, 공마리아(2000). 인물화 및 집 · 나무 · 사람 그림에 의한 심리진단법. 대구: 동아문화사.

신민섭(2007). 그림을 통한 아동의 진단과 이해. 서울: 학지사.

한국미술치료학회(2000). 미술치료의 이론과 실제. 대구: 동아문화사.

大伴茂(1968). 人物画によ 性格診斷法. 東京: 黎明書房.

Buck, J. N. (1948). The H-T-P Technique. *Journal of Clinical Psychology*, *5*(1), 37-74.

Buck, J. N., & Hammer, E. F. (1969). *Advances in House-Tree-Person technique: Variation and techniques*. CA: Western Psychological Services.

Burns, R. C., & Kaufman, S. H. (1970). *Kinetic Family Drauings(K-F-D): An Introduction to Understanding Cbildren Tbrougb Kinetic Drawing*. NY: Brunner/Mazel.

Burns, R. C., & Kaufman, S. H. 저. 장연집 역(1994). 아동이 그린 가족화 분석. 서울: 교문사.

Burns, R. C., & Kaufman, S. H. (1972). *Actions, Styles, and Symbols in Kinetic Family Drawings(K-F-D): An Interpretative Manual.* NY: Brunner/ Mazel.

Goodenough, F. (1926). *Measurement of Intelligence by Drawings.* NY: World Book Co.

Hammer, E. F. (1971). *The clinical application of projective drawings.* IL: Charles C Thomas.

Harris, D. B. (1963). *Children's drawings as measures of intellectual maturity: a revision and extension of the Goodenough draw-a-man test.* NY: Harcourt, Brace & World.

Jolles, I. (1971). *A Catalogue for the qualitative interpretation of the House-Tree-Person (H-T-P).* CA: Western Psychological Services.

Lewin, K. (1951). Field theory in social science: selected theoretical papers. NY: Harper & Row.

Reynolds, C. R. (1978). A quick-scoring guide to the interpretation of children's kinetic family drawings(KFD). *Psychology in the Schools, 15,* 489-492.

찾아
보기

〈인명〉

〈내용〉

백양희(Baek Yanghee)   email: byh77@hanmail.net

- 영남대학교 대학원 가족학 박사
- 수련감독미술치료전문가
- 한국미술치료학회 이사
- 한국미술치료학회 논문 심사위원
- 한국예술심리치료학회 논문 심사위원
- 현 대구예술대학교 예술치료학과 학과장

〈저서〉
- 체계론적 가족치료(공저, 형설출판사, 1999).
- 청소년 미술치료(공저, 양서원, 2012).

〈연구 분야〉
- 1996년 - 농촌 고등학생들의 스트레스
- 1996년 - 동적가족화(KFD)에 의한 초등학생의 가족지각 연구
- 1996년 - 동적가족화(KFD)에 묘사된 가족의 상호작용 및 역동성에 따른 가족 응집성과 적응성의 차이
- 1996년 - 초중고생의 동적가족화(KFD)에 나타난 행위 비교 연구
- 1997년 - 부모, 자녀 유대관계와 우울성향에 관한 연구
- 1997년 - 여대생의 자아정체감과 K-HTP의 반응특성에 관한 연구
- 1997년 - 환경변인에 따른 도시여성의 KHTP에 의한 집 그림 반응특성에 관한 연구
- 1997년 - 환경변인 및 내적통제력, 부모와의 의사소통이 청소년의 스트레스에 미치는 영향: 농촌, 도시비교
- 1997년 - 환경변인 및 부모-자녀 유대관계가 농촌 고등학생들의 자아분화에 미치는 영향

- 1998년 – 근친상간으로 인하여 자살을 시도한 청소년의 미술치료 사례연구
- 1998년 – 자신감이 결여된 아동의 자존감 향상과 사회성 함양을 위한 미술치료 사례연구
- 1998년 – 청소년들의 자존감 향상 및 일탈행위감소를 위한 집단미술치료 사례연구
- 1998년 – 환경변인에 따른 초등학생의 KSD 반응특성 인물상의 특징을 중심으로
- 1999년 – 비행청소년의 비행행동개선에 미치는 미술치료프로그램의 효과에 관한 사례연구
- 1999년 – 환경변인 및 부모–자녀 유대관계가 농촌 청소년들의 특성불안에 미치는 영향
- 2002년 – 만다라를 통한 자기통찰이 청소년의 공격성, 불안, 자존감에 미치는 효과
- 2003년 – 만다라를 통해 자기통찰이 만성정신분열증환자의 자기주장과 대인관계향상에 미치는 효과
- 2005년 – 만다라를 적용한 자기통찰이 동성애청소년의 성역할 정체성 및 우울에 미치는 사례연구
- 2005년 – 자아상 탐색을 통한 집단미술치료가 청소년의 우울 및 불안 감소에 미치는 효과
- 2005년 – 집단미술치료프로그램이 학습부진아의 자기존중감과 학습동기에 미치는 효과
- 2006년 – 집단미술치료가 ADHD 아동의 충동성 및 자기통제력에 미치는 효과
- 2009년 – PTSD 아동의 불안 및 문제행동 완화를 위한 미술치료 사례연구
- 2010년 – 만다라 집단미술치료가 유치원교사의 직무스트레스에 미치는 효과
- 2010년 – 집단미술치료가 시설아동의 자아존중감과 우울에 미치는 효과
- 2011년 – 만다라 집단미술치료가 유치원교사의 직무스트레스 대처능력에 미치는 효과
- 2012년 – 선택적 함구증 아동의 자기표현력 및 자기존중감 향상을 위한 Story-telling 미술치료 사례연구
- 2012년 – 집단미술치료가 학교부적응 청소년의 자아존중감과 학습동기에 미치는 효과
- 2013년 – 자아상 탐색을 통한 집단미술치료가 학교부적응 청소년의 자존감 향상 및 불안 감소에 미치는 효과

아동 · 청소년 그림 진단 및 해석
-KFD, K-HTP, DAP 중심-

Diagnosis and Analysis of Children's and Adolescent's Drawings
-Centered around KFD, K-HTP and DAP-

2014년 11월 28일 1판 1쇄 발행
2024년 1월 25일 1판 6쇄 발행

지은이 • 백 양 희
펴낸이 • 김 진 환
펴낸곳 • ㈜ 학지사

　　　　　　04031 서울특별시 마포구 양화로 15길 20 마인드월드빌딩 5층
대표전화 • 02) 330-5114　　　팩스 • 02) 324-2345
등록번호 • 제313-2006-000265호

홈페이지 • http://www.hakjisa.co.kr
인스타그램 • https://www.instagram.com/hakjisabook

ISBN 978-89-997-0564-9 93180

정가 14,000원

출판미디어기업 **학지사**

간호보건의학출판 **학지사메디컬** www.hakjisamd.co.kr
심리검사연구소 **인싸이트** www.inpsyt.co.kr
학술논문서비스 **뉴논문** www.newnonmun.com
원격교육연수원 **카운피아** www.counpia.com